Hohenheim

Ulrich Wickert

Die Zeichen unserer Zeit

Was ist aus Freiheit, Gleichheit,
Brüderlichkeit geworden?

Mit einem Portrait von Heribert Klein
und Ulrich Wickerts Antworten
im Fragebogen des F. A. Z.-Magazins

Hohenheim Verlag
Stuttgart · Leipzig

Die Deutsche Bibliothek – CIP-Einheitsaufnahme

Ein Titeldatensatz für diese Publikation ist bei der Deutschen Bibliothek erhältlich

Satz: Satz & mehr, Besigheim
Druck und Bindung:
Ludwig Auer GmbH, Donauwörth
Printed in Germany
ISBN 3-89850-116-7

Inhalt

Republikanische Werte nach der EU-Osterweiterung

Ändert sich die Befindlichkeit der Europäischen Union nach ihrer Osterweiterung? Immerhin waren alle Beitrittsländer – von Slowenien und Zypern abgesehen – nach dem Ende des Zweiten Weltkriegs vom Westen mehrere Jahrzehnte lang durch den „Eisernen Vorhang“ abgeschnitten und gehörten zum sowjetischen Herrschaftsbereich. Die Sowjetunion ließ weder eine demokratische Entwicklung zu noch hatte sie selbst eine demokratische Tradition – nicht einmal die Ideen der Aufklärung, für die sich die deutschstämmige Zarin Katharina die Große wenigstens noch interessiert hatte, konnten in Rußland Fuß fassen.

Dennoch darf man von diesen Verhältnissen nicht auf die Situation in den Satelittenstaaten der Sowjetunion oder ihren früheren baltischen Provinzen schließen. So war die Tschechoslowakei, die nach der Wende in zwei Staaten zerfallen ist, bis 1938 eine zwar von Minderheitsproblemen geplagte, aber funktionierende Demokratie. Und Polen, das größte der Beitrittsländer, hatte sich vor seiner Teilung durch Rußland, Österreich und Preußen Ende des 18. Jahrhunderts eine Verfassung gegeben, in der auf Anregung Jean-Jacques Rousseaus die Volkssouveränität proklamiert, die

Teilung der Gewalten nach Charles de Montesquieu festgeschrieben und eine dem Parlament verantwortliche Regierung vorgesehen war. Mit dieser Verfassung bahnte sich ein politischer und gesellschaftlicher Wandel an, der mit der Entwicklung nach der amerikanischen Unabhängigkeitserklärung und der Französischen Revolution verglichen werden kann.[1]

Diese Ansätze konnten in Polen nach dem Untergang des Staates nicht weiterverfolgt werden, doch waren sie nur verschüttet, nicht vergessen: Der Politiker und Schriftsteller Jósef Wybicki dichtete 1797 das Lied „Noch ist Polen nicht verloren", das 1918 zur Nationalhymne wurde. Es ist wohl auch kein Zufall, daß die Namen Voltaire, Montesquieu und Rousseau als „Wolter", „Monteskiusz" und „Russo" polonisiert worden sind. Und die polnischen Reformer träumten weiter von einer demokratischen Republik. Die Erinnerung daran spielte noch in den Freiheitsbewegungen der Nachkriegszeit eine Rolle, die ebenso wie die friedliche Revolution in der Tschechoslowakei, in Ungarn und im Baltikum schließlich zum Ende des kommunistischen Systems und zum Aufbau demokratischer Strukturen im Ostblock führten.[2]

Die wichtigsten Beitrittsländer sind also mit ähnlichen politischen Voraussetzungen zur Europäischen Union gekommen wie die Bundesrepublik Deutschland seinerzeit zur Europäischen Wirtschaftsgemeinschaft. Eben deshalb ist es an der Zeit, einmal darüber nachzudenken, wie es bei uns denn um die republikanischen Werte steht. Freiheit, Gleichheit und Brüderlichkeit lauten seit der Französischen Revolution die Begriffe, aus denen sich die Grundwerte moderner, demokratischer Gesellschaften herleiten. Diese Begriffe werden seit 1793 gebraucht – zuerst im Klub der politisch radikalen Cordeliers des berühmten, schon ein Jahr später hingerichteten Revolutionsführers Georges Danton. Zu den Cordeliers gehörten auch Demoulins, Fabre d'Eglantine, Hébert und Marat, nicht aber Robespierre. Ihr Klub, 1790 in einem früheren Pariser Kloster der Franziskaner (zeitweise auch Cordeliers, Strickträger, genannt) gegründet und 1794 aufgelöst, wandte sich im Gegensatz zu den bekannteren Jakobinern vor allem an die armen Volksschichten. Die im Klub-Organ *Ami du Peuple* (Volksfreund) im Juni 1793 von seinem Herausgeber Jean Paul Marat propagierte Maxime ist 1848 Wahlspruch der Zweiten Französischen Republik geworden, deren Präsident Prinz Louis Napoleon Bonaparte, der spätere Kaiser Napoleon III., war.

Liberté und Égalité konnten mit Freiheit und Gleichheit ohne weiteres übersetzt werden. Dagegen ist Fraternité erst Anfang des 19. Jahrhunderts von dem Braunschweiger Pädagogen,

Sprachforscher und Verleger Joachim Heinrich Campe, einem Ehrenbürger der Französischen Revolution, in Anlehnung an ein Wort von Klopstock als Brüderlichkeit eingedeutscht worden. In *Freiheit* finden sich Unterbegriffe wie Toleranz, Sicherheit und Verantwortung. *Gleichheit* hat sich in Gerechtigkeit verwandelt, während *Brüderlichkeit* heute als Solidarität bezeichnet wird. Diese Begriffe haben aber in den vergangenen Jahren viel von ihrer Bedeutung verloren – unter anderem auch deshalb, weil sie häufig oberflächlich, mit vordergründigem politischen Interesse gebetsmühlenartig wiederholt, immer weniger in ethischem Sinn verwendet worden sind.

Anmerkungen

1 Hans Roos, Polen von 1668 bis 1795, in: Theodor Schieder (Hrsg.), Handbuch der Europäischen Geschichte, Band 4, Stuttgart 1968; anderer Meinung: Edmund Burke, Gedanken über die Revolution, Wien 1950.

2 Klaus Bachmann, Polens Uhren gehen anders, Warschau vor der Osterweiterung der Europäischen Union, Stuttgart/Leipzig 2001.

Freiheit setzt Verantwortung, Toleranz und Sicherheit voraus

Die Idee der Freiheit, so Immanuel Kant, sei die Voraussetzung für jede Moralität, gemeint ist vor allem die Freiheit des Denkens. Friedrich Schiller läßt in seiner Tragödie »Don Carlos« den Marquis de Posa vom spanischen König fordern: »Geben Sie Gedankenfreiheit«, denn Gedankenfreiheit geht weit über die Freiheit der Meinung hinaus. Bevor eine Meinung entstehen kann, muß man sich die Gedanken machen können, die zu der betreffenden Ansicht führen. Das ist allerdings selbst in einer aufgeklärten Demokratie schwieriger, als es zunächst scheint.

Im Rahmen des Staates verfügen die Bürger der Bundesrepublik Deutschland über mehr liberale Freiheit denn je zuvor. Im täglichen Leben fühlen sie sich kaum eingeschränkt, es sei denn durch jene staatlichen Handlungen, die man meist mit Bürokratie bezeichnet. Der schöne Schein der Demokratie, der Mangel an Mitwirkungsmöglichkeiten an staatlichen Entscheidungen, auch die subtil freiheitsbedrohenden Methoden des modernen Überwachungsstaates in der Informationsgesellschaft werden immer wieder öffentlich beschrieben und diskutiert.

Zu einer Bedrohung der Gesellschaft haben sich diese Mängel in der deutschen Republik noch nicht entwickelt, aber die Werte können nur dann erneut einen »Wert«, also eine gesellschaftliche Bedeutung gewinnen, wenn der Kern ihres Inhalts wieder erkannt wird und Bedeutung erhält. So ist Voraussetzung für Denken Erkennen und Wissen. Der Weg zum Erkennen führt über die Wahrheit: Wahr ist, wenn eine Aussage mit ihrem Gegenstand übereinstimmt. Was aber die Wahrheit ist, darüber streiten die klügsten Köpfe. Denn selbst in einer von demokratischen Werten geleiteten Republik bestehen Denkhemmungen, die von Religion, Kultur und Geschichte in Form von Tabus aufgebaut worden sind.

Der russische Schriftsteller Lew Kopelew, der 1997 starb, nannte sich einen Literaten, der ein Gewissen hat. In dem Buch *Aufbewahren für alle Zeit* schildert er die Brutalitäten der Roten Armee, als sie in 1944 Ostpreußen einmarschierte. Kopelew war Soldat und erlebte, wie eine Gruppe russischer Soldaten bei einer Autofahrt auf eine alte deutsche Frau stößt, die völlig verwirrt nach ihrer Tochter und ihren Enkelkindern sucht: »Ich hab' doch die Lebensmittelkarten. Sie haben Hunger.« Der Offizier Beljajew, schreibt Kopelew, »zieht kurz entschlossen seine Pistole: ›Die ist Spionin. Erschießen, los! Verdammt noch mal!‹ ›Mensch; bist du des Teufels? Bist du völlig übergeschnappt?‹ Ich packe ihn an der Hand. Ich drehe mich um. Der jüngste unserer Passagiere hat die Alte schon in den Schnee gestoßen, schießt nun aus unmittelbarer Nähe auf sie. Sie fiept wie ein Kaninchen. Ich brülle, nun völlig außer mir: ›Was machst du da, du Schweinehund?‹ Er schießt munter drauflos, noch und noch und noch. Im Schnee liegt ein dunkler, unbeweglicher Klumpen.«

Diese Szene wurde 1955 anläßlich des fünfzigjährigen Gedenkens an das Kriegsende in die Zeitschrift *PZ/Wir in Europa* aufgenommen, die der Bund für die politische Bildung junger Menschen herausgibt. Als wörtliches Zitat wird Kopelews Text wiedergegeben, allerdings fehlt ein Satz: »Sie fiept wie ein Kaninchen.« Der Verantwortliche glaubte, richtig gehandelt zu haben: »Ich hatte einfach Hemmungen vor meiner vor allem jugendlichen Kundschaft.« Was war in ihm vorgegangen? Er hatte keine Hemmung, seinen »vor allem jugendlichen« Lesern die äußerst brutale Erschießung der Großmutter durch einen russischen Soldaten zuzumuten. Aber er streicht den Satz, in dem die Großmutter durch ihr Fiepen beim Leser Gefühle erzeugt. In seinem Kopf hat das Tabu gewirkt. Der russische Soldat rächt sich an den Untaten der Deutschen. Das ist – so meint der deutsche Journalist vielleicht unbewußt – verständlich. Wenn nun das deutsche Opfer seinerseits Gefühle mobilisiert, dann stellt es das Recht des russischen Rächers in Frage. Das darf aber offenbar nicht sein.

In anderen Ländern der Welt sind große geschichtliche Ereignisse in der nationalen Literatur verarbeitet worden, so etwa der Amerikanische Bürgerkrieg oder die Französische Revolution. Über das Dritte Reich und die Vernichtung der Juden sind einige sehr bedrückende Romane erschienen, William Styrons *Sophie's Choice*, Louis Begleys *Lügen in Zeiten des Krieges*, Anne Michaels *Fluchtstücke* – alles Bücher von ausländischen Autoren. Deutsche trauen sich an das Thema offenbar nicht heran. Sie können sich nicht vorstellen, neben dem dokumentierten Grauen auch Gefühle zu beschreiben, die nicht nur Leiden darstellen, sondern auch Freude, Liebe, Lachen. Dies gebietet nach allgemeinem Verständnis unter Deutschen die Achtung vor den Opfern und der Respekt vor ihrem Leiden. Das aus Auschwitz hergeleitete Tabu will, daß nur die Dokumente des großen Grauens dargestellt werden.

Als der deutsche Filmproduzent Artur Brauner den Film *Hitlerjunge Salomon* produzierte, wurde er in Deutschland heftig kritisiert. Es ist die wahre Geschichte eines jüdischen Jungen, der sich während des Krieges als »arischer« Deutscher ausgibt und in deutscher Uniform überlebt.

Während der Film in den USA Erfolg hat, lehnen es die Deutschen ab, diesen »kitschigen«, »trivialen« Film in die Auswahl um die Nominierung der Oscars aufzunehmen. Die deutsche Kritik macht den Film nieder, im Ausland erhält er Zustimmung.

Selbst die historische Darstellung des Alltagslebens in der NS-Zeit wird von deutschen Geschichtswissenschaftlern abgelehnt, da der ganz normale Ablauf von Schlafen und Essen, Wohnen und Arbeiten von den wirklich wichtigen Zusammenhängen ablenke. Doch während die intellektuelle Elite über das Tabu wacht, fehlt der Gesellschaft Aufklärung: Was fand zwischen 1933 und 1945 wirklich statt? War es nur Krieg und Vernichtung? Die Frage blieb bisher unbeantwortet, und das ist ein Grund für den großen Erfolg der Tagebücher von Victor Klemperer fünfzig Jahre nach Kriegsende. Endlich können die, für die das Dritte Reich weit vor ihrer Geburt liegt, lesen, was ein jüdischer Professor Tag für Tag von 1933 bis 1945 an Wichtigem, aber auch an Banalem erlebte.

Das Tabu kann aber auch einem ausländischen Autor die Veröffentlichung seines Romans in Deutschland erschweren, wenn er seine Phantasie über das Unerlaubte hinausspringen läßt. 1992 erschien in Großbritannien der Roman *Vaterland* von Robert Harris. In England wurde er zum meistverkauften Roman des Jahres und in der Kritik hoch gelobt. In zwölf Sprachen ist das Buch übersetzt, die Filmrechte sind an den renommierten Produzenten und Regisseur Mike Nichols (in Berlin geboren) verkauft worden. Harris hatte sich für sein Buch eine wilde Geschichte ausgedacht: Die Deutschen hätten den Zweiten Weltkrieg gewonnen; Adolf Hitler, immer noch an der Macht, feiere 1964 seinen fünfundsiebzigsten Geburtstag. Und das Großdeutsche Reich hätte die eroberten Länder in einer »Europäischen Gemeinschaft« zusammengefaßt.

In Deutschland lehnten es fünfundzwanzig Verlage ab, das Buch zu übersetzen und zu verlegen. Es kam schließlich in dem Zürcher Haffmans-Verlag heraus. Harris hatte gleich gegen zwei deutsche Tabus verstoßen, wenn man davon absieht, daß schon das Wort *Vaterland* unter die in Deutschland tabuisierten Begriffe fällt. Zum einen geht der englische Schriftsteller von der für einen Deutschen unvorstellbaren Möglichkeit aus, Hitler habe den Krieg gewonnen. Ein Deutscher darf vielleicht betrunken am Stammtisch sagen: »Der Hitler ist doch mit dem U-Boot nach Argentinien abgetaucht.« Aber öffentlich ist dieser Gedanke gesellschaftlich verboten. Zum anderen behandelt Harris die Judenverfolgung in einem Unterhaltungsroman, was ihm öffentlich vorgeworfen wird. *Die Zeit* freute sich, daß »kein deutscher Verleger sich für solch frivole Geschmacklosigkeit hergegeben« hat. Das *Deutsche Allgemeine Sonntagsblatt* erklärte, der Völkermord an den Juden sei »kein Stoff für Kolportage und historische Spekulationen«, und die in Hannover erscheinende *Neue Presse* fürchtete, hier werde »das wohl grauenvollste Ereignis der Weltgeschichte« skrupellos als Auflagenmacher mißbraucht.

Dort, wo das Tabu nicht vorhanden ist, wurde das Buch wesentlich besser aufgenommen. Die *Jerusalem Post* meinte, die Vorstellung von dem siegreichen Reich sei nur allzu glaubwürdig. Die Züricher *Weltwoche* hält es für ein ernsthaftes und sehr verdienstvolles Buch – trotz aller Verkäuflichkeit. Das deutsche Tabu »Auschwitz« ist kein absolutes Verbot, das für alle Menschen gilt. Deutsche dürfen ihre belastete Geschichte nicht unterhaltend darstellen – Ausländer schon eher (und wenn sich Robert Harris mit einer antiken Katastrophe wie in seinem Roman *Pompeji* befaßt, findet er auch einen deutschen Verleger – so 2003 bei Wilhelm Heyne in München).

Anfang der achtziger Jahre erschien in den USA das Buch des Australiers Thomas Keneally über den Nazi Schindler, der Juden vor dem Tod im KZ rettete. Filmproduzent Artur Brauner wollte auch diesen Stoff verfilmen und beantragte – wie das in Deutschland üblich ist – einen finanziellen Zuschuß von der Filmförderungsanstalt in Berlin. Doch die Subvention wurde als völlig unvorstellbar abgelehnt, staatliches Geld gäbe es nicht für eine vermeintlich mit Emotionen aufgeladene Kolportage, in der auch noch ein Nazi Juden rettet statt vernichtet. Doch als dann Steven Spielbergs *Schindlers Liste* in Deutschland uraufgeführt wurde, nahmen Bundespräsident Richard von Weizsäcker, Ignatz Bubis, der inzwischen verstorbene Vorsitzende des Zentralrats der Juden in Deutschland, sein Stellvertreter Michel Friedman, Sohn von »Schindler-Juden«, und der israelische Botschafter in Deutschland teil.

Die Gründe dafür, daß der Film jetzt von der öffentlichen Kritik akzeptiert wurde, sind offensichtlich: Die Verfilmung lag in Händen einer amerikanischen Produktionsgesellschaft, und Steven Spielberg ist amerikanischer Jude. Das gilt als Alibi für seine Ernsthaftigkeit, daß er nicht versucht, den Holocaust zu verniedlichen und die Nazis zu entschuldigen. Der Film ist in der Form eines Dokumentarstreifens gedreht und – auch das spielt eine Rolle – hat in Amerika einen sensationellen Erfolg erlebt. Hätte dagegen ein Deutscher diesen Film gedreht, dann – so die Angst der Deutschen – wäre dies möglicherweise als Verharmlosung mißverstanden worden. Und vor »Mißverständnissen« aller Art soll das Tabu schützen.

Mit gemischten Gefühlen wurden deshalb 1997 in Deutschland auch die Tagebücher von John Rabe aufgenommen, der sechzig Jahre zuvor eine Viertelmillion Chinesen vor den Massakern der japanischen Truppen geschützt hatte. Der damalige Siemens-Vertreter gilt in China zwar als *Der gute Deutsche von Nanking*, aber daß ihn die mit den Nazis verbündeten Japaner vor allem deshalb respektierten, weil er NSDAP-Mitglied war, hört man hierzulande nicht gern.

Auch in einer aufgeklärten Gesellschaft schaden Tabus der Sache selbst, die sie vorgeben zu behüten. Denn Tabus schaffen Ängste. Und Ängste führen zu irrationalen Handlungen – auch in der Politik. Die Aufregung um die Rede des damaligen Bundestagspräsidenten Philipp Jenninger zum fünfzigsten Jahrestag der Reichspogromnacht ist dafür ein Beispiel. Jenninger mußte zurücktreten, weil er im Deutschen Bundestag eine Rede hielt, an der inhaltlich nichts auszusetzen war. Aber weil er sie in einem emotional äußerst aufgeladenen Moment sehr nüchtern und auch holprig vortrug, glaubten seine Zuhörer, er wolle die Deutschen entschuldigen. Ignatz Bubis hat einige Zeit später einen Versuch unternommen und Jenningers Rede vor einem Publikum gehalten, das nicht wußte, daß dies die umstrittene Rede war. Bubis erhielt Beifall, wofür Jenninger das Amt des zweiten Mannes im Staate aufgeben mußte. Und in der *New York Times,* die Deutschland geißelt, wenn es auch nur den Anschein hat, es könne in alte Untugenden zurückfallen (Hier entstand der Begriff »Auschwitz in the sand« wegen der Beteiligung Deutscher in Libyens Fabrik für Kampfgase), in dieser Zeitung wurde die Rede Jenningers verteidigt. Er habe die ungeschminkte Wahrheit gesagt. Aber jene, so die *New York Times,* die ihn kritisierten, zögen Ruhe und äußerliche Korrektheit wirklichem Bemühen um Gerechtigkeit und Toleranz vor.

Als Spielberg den Film über Schindler präsentierte, wurde die Tabuverletzung in Deutschland durch den großen Erfolg im Ausland ausgeglichen. Jenningers Rede, die in Deutschland vom Fernsehen übertragen worden war, wurde emotional abgelehnt, da die Öffentlichkeit seinen Auftritt gefühlsmäßig ablehnte. Vor seiner Rede hatte die große Schauspielerin Ida Ehre das Gedicht *Todesfuge* von Paul Celan gelesen. Und nun saß die vom nahenden Tod gezeichnete Ida Ehre zusammengesunken da und versteckte ihr Gesicht in ihren Händen. Was immer sie dabei wirklich dachte, die Geste drückte Verzweiflung aus. Das Fernsehen blendete ihren stummen Schmerzensschrei, während Jenninger sprach, immer wieder ein. Die Strafe für Philipp Jenninger entsprach der Schwere des vermeintlichen Tabu-Verstoßes.

Jede Verletzung von Tabus wird bestraft. Schon 1977 verstieß der Schriftsteller Martin Walser gegen ein Tabu: Teilung Deutschlands ist gleich Strafe für Auschwitz, als er sagte, er könne sich an die Teilung nicht gewöhnen, die DDR sei für ihn kein Ausland. Dafür wurde er nicht nur vom tabu-orientierten deutschen Feuilleton fälschlicherweise als Nationalist gescholten, sondern manch einer seiner vermeintlichen Freunde entzog ihm auch das Du. Mit solch einem Tabubrecher wollte man nicht befreundet sein.

Das Tabu Auschwitz wirkt in alle gesellschaftlichen Bereiche hinein, nicht nur in Politik und Kultur, sondern auch in die Wissenschaften. Kritische Historiker wie Heinrich August Winkler oder Martin Broszat beklagen, daß selbst die Aufarbeitung der Nazi-Zeit Tabus unterliegt. Winkler erkennt in Deutschland Frage- und Benennungsverbote, die dazu führen, daß manche historischen Fragestellungen nicht hier, sondern nur in Frankreich oder Großbritannien möglich sind. Das Denken muß auswandern, wenn es darum geht, Erscheinungsformen von totalitärer Diktatur zu vergleichen, etwa die nationalsozialistische und die kommunistische. Weil das Tabu die NS-Zeit mit der Einzigartigkeit des Judenmords verbindet, kann es keinen Vergleich zwischen dem einzigartigen Bösen und der kommunistischen Diktatur geben.

Zwar heißt vergleichen nicht gleichsetzen, doch solche Details beachtet ein Tabu nicht. So stammen die beiden ersten großen Bilanzen dieses Jahrhunderts aus Großbritannien und Frankreich: Eric Hobsbawm schrieb *Zeitalter der Extreme* und François Furet, der 1997 starb, *Ende der Illusionen.* Martin Broszat, damals Direktor des Instituts für Zeitgeschichte in München, forderte schon vor dem Historikerstreit, die Geschichtsforschung über die NS-Zeit dürfe nicht ausschließlich mit gefühlsgeleiteten, moralisierenden Argumenten arbeiten: »Auch die Pauschaldistanzierung von der NS-Vergangenheit ist noch eine Form der Verdrängung und Tabuisierung.«

Da Deutschland eine Demokratie ist, kann Denken nicht verboten werden. Doch Tabus wirken durch gesellschaftliche Sanktionen. Wagt sich ein Forscher oder Publizist an ein tabuisiertes Thema, dann kann er totgeschwiegen oder in seinem Fach isoliert werden. Und sollte er doch die Rede auf das tabuisierte Thema bringen, dann – so der Historiker Christian Meier in einem Aufsatz über »Denkverbote« – »blickt man drein wie eine viktorianische Lady, in deren Anwesenheit das Wort ›Geschlecht‹ gefallen ist«.

Pauschaldistanzierung und Tabuisierung können ganze Wissenschaftszweige blockieren, etwa die Gen-Forschung. Wenn in Hamburg ein Schiff mit genbehandeltem Soja landet, geht ein Aufschrei durch die Bundesrepublik, die Deutschen würden Opfer eines vergifteten Nahrungsmittels. Den Grund für diese Angst benennt James D. Watson, der für die Entdeckung des »Doppel-Helix«, Grundlage aller Gen-Forschung, 1962 den Nobelpreis erhielt: »Deutschlands Verstrickung in Eugenik (Genetik zur Verbesserung der Menschheit) war ein moralisches Desaster ... Die Deutschen hatten nie die sittliche Verkommenheit, die im Namen der Genetik begangen worden war, niedergekämpft.« Das »Desaster« war zum einen, daß viele führende deutsche Humangenetiker während des Dritten Reichs die Überlegenheit der nordischen Rasse befürworteten und an der Ermordung von Geisteskranken, Juden und Zigeunern durch wissenschaftliche Selektion teilnahmen. Zum andern aber fanden diese Wissenschaftler, soweit sie selbst nie Hand angelegt hatten, nach dem Krieg wieder ihren Platz an westdeutschen Universitäten.

Ursprünglich ist die Eugenik keine rein deutsche Erfindung. Wissenschaftler in den USA und in Deutschland forschten in den ersten Jahrzehnten dieses Jahrhunderts, wie die Genetik zur Verbesserung der Menschheit eingesetzt werden könne – und die gleichgesinnten Amerikaner hielten Kontakt zu ihren deutschen Kollegen, trotz der Nürnberger Rassengesetze von 1935, bis der Krieg den Gedankenaustausch unmöglich machte.

Die Arbeiten der Wissenschaftler waren auch in Amerika politisch motiviert. Viele Wissenschaftler glaubten damals an die unbewiesene These, Rassenmischung führe unweigerlich zu degenerierten Nachkommen. In den USA wurden deshalb Gesetze verabschiedet, die Heiraten zwischen Weißen und Schwarzen verboten. Im Dritten Reich wurden aus ähnlichem Grund, nämlich um die Rasse rein zu halten, allein zwischen Januar 1940 und September 1941 siebzigtausend psychiatrisch Kranke sterilisiert und dann ermordet, um deren Betten für Kriegsversehrte freizumachen. In den weiteren Kriegsjahren wurden viele Hunderttausende sterilisiert oder umgebracht. Nach dem Krieg sind einige direkt an den Morden Beteiligte zum Tode verurteilt und hingerichtet worden, einige begingen Selbstmord. Doch die beiden Professoren Fritz Lenz und Otmar von Verschuer, die mit den Nazis zusammengearbeitet hatten, als es um die Ermordung der Juden ging, fanden ihren Weg zurück in die Wissenschaft.

Der amerikanische Nobelpreisträger James D. Watson beklagt besonders, daß der deutsche Nobelpreisträger Adolf Butenandt an der Weißwäsche von Professor von Verschuer beteiligt war, »obwohl man damals wußte, daß sein früherer Assistent Josef Mengele ihm Forschungsmaterial aus Auschwitz geschickt hatte«. Verschuer wurde später Professor für Genetik in

Münster. Diese Tatsachen sind nur in Fachkreisen bekannt. Benno Müller-Hill, Professor für Genetik in Köln, veröffentlichte 1984 das Buch *Tödliche Wissenschaft.*

Das Tabu hat dafür gesorgt, daß in der öffentlichen Meinung Gen-Forschung grundsätzlich böse ist. Für Watson erscheint es so, als verbreiteten deutsche Gegner der Gentechnik die Idee, »daß naziähnliche Genetiker daran arbeiten, die natürliche Weltordnung zu stürzen«. Hysterie triumphiert so über Vernunft: Rekombinate DNA-Produkte, wie Insulin, können in weiten Teilen Deutschlands nicht industriell produziert werden, um die Gen-Forschung zu behindern. Der deutschen Wirtschaft blieb nichts anderes übrig, als ihre entsprechenden Abteilungen ins Ausland zu verlagern, wenn sie weiter im Geschäft bleiben wollte.

Die Liste der deutschen Tabus ist endlos. Wörter, die belastet sind durch ihren Mißbrauch im Dritten Reich, werden heute noch verdammt und verhindern so gesellschaftliche Entwicklungen. An dem Wort *Volk* hängt der von den Nationalsozialisten benutzte Begriff *Volksgemeinschaft.* Volksgemeinschaft oder einfach Gemeinschaft zu sagen, ist verdächtig. In der Soziologie wird der Begriff genau so tabuisiert wie in der Publizistik. Man kann Volk auch anders definieren: als Souverän in einer Demokratie. Die Amerikaner sprechen von der community, die Franzosen von der communanté, und so benutze ich das Wort Gemeinschaft: als eine größere Gruppe von Menschen, nicht als eine rassisch bestimmte Einheit. Und meines Erachtens müssen die Deutschen über die Entwicklung ihrer Gemeinschaft nachdenken. Dies können sie allerdings nur ungehemmt tun, wenn sie den Grundbegriff annehmen.

Tabufreie Zonen existieren nirgendwo auf dieser Welt. Immer wird eine Mehrheit oder Minderheit Tabus zu ihrem Schutz oder zur Machterhaltung errichten. Aber wenn Tabus erkannt sind, dann sollte eine Gesellschaft sie aufbrechen. Denn ein Staat, dessen Politik, Wissenschaft, Wirtschaft und öffentliche Meinung von einer großen Zahl Tabus begrenzt wird, kann sich nicht aufgeklärt nennen. Tabus wirken genauso als Denkhemmungen wie Mythen. In Polynesien ist es einfach, Tabus aufzulösen. Man holt den Priester, und mit »Noa« wird das Tabu wieder aufgehoben. Noa ist dort der Gegenbegriff von Tabu. Das mag wirken, wenn man daran glaubt. Doch Glauben ist nicht Denken. Wir suchen also weiter nach der Wahrheit. Vielleicht gibt es die absolute Wahrheit im Abstrakten, konkret läßt sie sich nicht vorstellen. Wenn nun Tabus als solche erkannt sind, dann wird es zwischen den Bewahrern und denjenigen, die »Noa« anwenden wollen, zu Auseinandersetzungen gerade darüber führen, welche Wahrheit man nun sagen dürfe.

Um die Wahrheit zu erkennen, muß man klug sein; denn sie wird allenthalben verhüllt oder in einem Überfluß von Informationen versteckt. Eine der in ihrer Tragweite immer wieder unterschätzten Gefahren für die deutsche Gesellschaft liegt aber auch in der Art und Weise, wie grob die Menschen miteinander umgehen, wie wenig sie sich respektieren und tolerieren. So fehlt es der Gesellschaft an innerem Frieden, und ohne Frieden ist die Freiheit gefährdet; denn es mangelt an Toleranz. Dieser Mangel an Toleranz wird immer wieder dann von Politikern, Kirchenleuten und entsetzten Menschen beschworen, wenn Neonazis Ausländer oder Behinderte in Deutschland gejagt, mißhandelt oder gar umgebracht, wenn sie eine Synagoge oder einen jüdischen Friedhof geschändet haben. »Aber wir sind doch ein tolerantes Volk!«, wird ein jeder verwundert sagen. Oberflächlich ja, aber wenn man unter die Haut schaut, gruselt es einem.

Zwischen öffentlicher Erklärung und wirklichem Denken liegt ein weiter Unterschied. Wer bereit ist, sich Gedanken über den Zustand der Gesellschaft zu machen, wer den Werten wieder Bedeutung zukommen lassen will, um das Zusammenleben in der Gemeinschaft menschlicher zu regeln, der muß auch lernen, im alltäglichen Leben genauer hinzuschauen und zu überlegen, wie manchmal ganz geläufig scheinende Vorgänge doch eine Reaktion verdienten. Die Routine ist stets der Feind des Genauen, und das routinehafte Dulden scheinbar belangloser, täglich wiederkehrender Abläufe kann dazu führen, daß manch ein Wert, etwa die Toleranz, zu wenig Achtung erfährt.

Paul Spiegel, der Nachfolger von Ignatz Bubis als Präsident des Zentralrats der Juden, sieht inzwischen davon ab, bei gesellschaftlichen Anlässen zu sprechen, da er die Intoleranz und ihre Zulassung nicht mehr erträgt. Spiegel war als Referent zu einem Abendessen der Deutschen Bank in Düsseldorf eingeladen worden. Im Laufe dieses Abends konfrontierte ihn ein als Gast anwesender Rechtsanwalt mit seinen eigenen Erlebnissen in Auschwitz. Als Flakhelfer habe er dort kaum eine Gewalttat gegenüber Juden bemerkt. Paul Spiegel war deshalb besonders entsetzt, weil keiner der Gastgeber, keiner der wohlsituierten Gäste ihm beisprang.[1]

Niemand regte sich, als bei der AIDS-Gala im Jahr 2000 in Berlin die Gattin eines bekannten Versandhausunternehmers mit den Überlegungen ihres Tischherrn drangsaliert wurde, er lese gerade Hitlers »Mein Kampf« und stelle sich die Frage, was geworden wäre, wenn der Führer der NSDAP noch in Amt und Würden sei. Das sind keine Einzelbeispiele. Bei einem Abendessen in Hamburg pöbelte der Vorstandsvorsitzende eines der größten deutschen Unternehmen – sicherlich nach einigen Gläsern Wein –, als es um die Entschädigung der Zwangsarbeiter aus dem Dritten Reich ging, die Juden hätten schon genug Geld erhalten, die sollten nun mal zahlen (er berücksichtigte nicht, daß es sich bei den Zwangsarbeitern nur zu einem geringen Teil um Menschen jüdischen Glaubens handelte). Auch hier schwieg die Gesellschaft peinlich berührt – und löste sich auf.

Gerade die Zwangsarbeiterproblematik hat dazu geführt, daß sich viele Unternehmer im Vier-Augen-Gespräch entlarvt haben. Verbandsvorsitzende wie der damalige BDI-Chef Olaf Henkel berichteten, wie häufig sie es erlebt haben, daß von ihnen angesprochene Unternehmer sich offen antisemitisch geäußert hätten. Und je kleiner die Betriebe waren, desto stärker hätten sich die Belegschaften mit den intoleranten Äußerungen der Chefs identifiziert.

Was öffentlich niemand zugeben würde, was kaum einer zu veröffentlichen wagt, führt zu einer doppelzüngigen Gesellschaft: Nach außen hin gibt man sich tolerant und aufgeklärt, nach innen verschweigt man seine Intoleranz nicht und weiß sich in der Vier-Augen-Gesellschaft geschützt. Von solch ungeniertem Verhalten berichtet eine empörte Frau aus München: »In einem In-Restaurant, gleich hinter der Maximilianstraße, herrscht offensichtlich Rechtsfreiheit für eine kleine, feine Gruppe von Stammgästen. Nachdem eine Frau die längere Zeit laut vorgetragene, übelste Judenhetze (... diese Sch...-Juden sollen bloß aufpassen ... von toten Juden kann ich gar nicht genug hören ...) am Nachbartisch nicht mehr erträgt und den Mann verbal angreift, wird sie von seinen Tischgenossen gepackt, am ganzen Körper festgehalten, durchs Lokal gezerrt. Man reißt ihr die Kreditkarte gewaltsam aus der Hand, um im Schein der Kassenlampe (ganz ungestört) ihren Namen zu lesen und droht ihr dann: Sie werden von uns hören. Kein Geschäftsführer, kein Kellner greift ein, eine einzige Frau im vollbesetzten Lokal fordert die feinen Herren auf, sich endlich einzukriegen, umsonst. Niemand kommt der Frau zu Hilfe, obwohl man mitkriegt, worum es geht.«

Wer so intolerant ist, der hat kein Anrecht auf den Schutz der Vier-Augen-Gesellschaft. Denn Toleranz ist kein Selbstzweck und darf gegenüber Intoleranten mißachtet werden, auch dann, wenn andere sittliche Ziele sonst nicht erreicht werden können. Die Auswüchse von Intoleranz in Deutschland gegenüber Menschen anderen Glaubens, anderer Herkunft, anderer Hautfarbe kommen in allen Gesellschaftsbereichen vor, so daß man sich die Frage stellen kann, ob die Deutschen besonders intolerant sind. Trotz der Vergangenheit des Dritten Reichs, trotz der Vernichtung von sechs Millionen Menschen jüdischen Glaubens, Roma und Sinti und Andersdenkender hat die Vergangenheit nicht zu einer größeren Toleranz geführt.

Der Antisemitismus hat sich nur gewandelt, weshalb er weniger auffällig ist. Die wissenschaftliche Literatur bezeichnet »diese moderne Form von Judenfeindschaft als ›sekundären Antisemitismus‹: er hat sich in seinen Ausdrucksformen gewandelt und dem Zeitgeist angepaßt«.[2] Fast jeder zweite Deutsche entdeckt »etwas Wahres« an der Aussage, viele Juden versuchten, aus der Vergangenheit des Dritten Reichs heute ihren Vorteil zu ziehen und die Deutschen dafür zahlen zu lassen. Auf der anderen Seite wird die Schuld der Deutschen an der Judenverfolgung relativiert und ein Schlußstrich unter die Beschäftigung mit der Vergangenheit gefordert.[3] Nur wenn die Einsicht zunimmt, daß es hier aus ethischen Gründen Zeit ist zu handeln, kann die Intoleranz bekämpft werden.

Im Privaten mag fast jeder meinen, es sei doch äußerst unangenehm, wenn er nun dem großen Unternehmenschef, der so ausfällig antisemitisch redet, ernsthaft widerspricht, doch die empörte Frau im Münchner In-Lokal hat richtig gehandelt. Sie hätte so weit gehen sollen wie die Tagesschausprecherin und Talkshow-Gastgeberin Eva Herman, die Besuch von einer Freundin erhielt, die völlig aufgelöst bei ihr ankam. Ein Taxifahrer hatte sie mit rechtsextremen Sprüchen beleidigt. Eva Herman erstattete Anzeige. Das ist mühsam, lästig, unangenehm – aber notwendig. Denn nicht nur die Vier-Augen-Gesellschaft versagt, sondern auch die öffentlichen Mechanismen, die dafür sorgen sollten, daß jeder weiß, was gut und böse ist. Nicht eine Minute dachte der 19-jährige Jens daran, »daß es strafbar sein könnte«, Molotowcocktails in das Schlafzimmer einer libanesischen Flüchtlingsfamilie zu werfen. Mit dieser Begründung drückte er sein Erstaunen darüber aus, daß er verhaftet worden war, weil er zusammen mit zwei Skinheads mitten in der Nacht einen Brandanschlag auf ein Wohnhaus in Hünxe im Oktober 1991 verübt hatte, bei dem zwei Mädchen schwer verbrannten.

Auf der einen Seite gründen Uwe-Karsten Heye, damals Sprecher der Bundesregierung, Paul Spiegel und Michel Friedman vom Zentralrat der Juden die Organisation »Gesicht zeigen!«, die hilft, gegen Intoleranz und Rechtsextremismus vorzugehen. Das Bundesinnenministerium gründet einen Verein zur Förderung der Toleranz; auf der anderen Seite findet das, was weit oben – und entfernt vom täglichen Umgang mit dem Bürger – vorbildhaft unternommen wird, viel zu selten ein Pendant dort, wo es notwendig ist, wo junge Leute lernen müssen, tolerant zu sein, weil die Gesellschaft Intoleranz nicht dulden darf.

Wenn der Brandstifter Jens sich wundert, daß er dafür zur Rechenschaft gezogen wird, weil er einen Brandsatz in die Wohnung eines Fremden warf, dann mag dies keine billige Ausrede sein. Er wird in seiner Umgebung erfahren haben, daß man dort so denkt und redet, wie er gehandelt hat. Leider fehlt gerade in der Lokalpolitik immer wieder der Mut zum Handeln. Die Politiker dulden die Rechtsextremen, und die Bürger dulden diese Politiker. Dabei sollten aufgeklärte, tolerante Bürger gegen Politiker einschreiten, die Rechtsextreme dulden. Denn dieses Zurückschrecken vor eigenem Handeln, das nichts anderes ist als ein Mangel an Verantwortung, führt dazu, daß in bestimmten Regionen und Stadtteilen die Rechtsextremen die dumpfe Parole von »national befreiten Zonen« verbreiten können.

In Brandenburg warb die Initiative »Aktion Noteingang« bei Geschäften und öffentlichen Einrichtungen dafür, Menschen Schutz zu gewähren, die von rechtsextremer Gewalt bedroht werden. Geschäfte und Behörden sollten ihre Bereitschaft zur Hilfe mit einem Schild am Schaufenster oder an der Tür kundtun. Auf diesem Aufkleber stand der Satz »Wir bieten Schutz und Information bei rassistischen und faschistischen Übergriffen«, und er sollte den mutigen

Einspruch gegen fremdenfeindliche Gewalt öffentlich machen. Zusammen mit diesem Aufkleber verteilte die »Aktion Noteingang« einen Fragebogen und Merkblätter mit Hinweisen, wie man sich im Notfall verhalten solle und gab Telefonnummern an, wo Hilfe gerufen werden könnte. Eine Gruppe Bernauer Jugendlicher hatte – nach einem rechtsextremen Vorfall in ihrer Stadt – diese Aktion 1998 gegründet, und sie fand bald in anderen Städten Brandenburgs Nachahmer, denn auch in Städten ohne rechtsextreme Strukturen (wie in der 25 000-Einwohner-Stadt Bernau bei Berlin) war eine rechte Grundströmung zu erkennen.

Die Landesregierung beschloß deshalb, die Aktion im Rahmen ihres Programms »Tolerantes Brandenburg« zu fördern. Dieses Konzept der Regierung in Potsdam versteht sich als eine gesamtgesellschaftliche Offensive, um mit einer Vielzahl von Aktionen demokratische Leitbilder in alle Teile der Gesellschaft zu tragen. Ein Ziel der »Aktion Noteingang« war es, das Stadtbild zu prägen, indem Gewalttätern Widerspruch signalisiert wurde. Ein anderes war es, die Auseinandersetzung mit Rassismus in die lokale Öffentlichkeit zu tragen. Durch die Fragebogen, die zusammen mit den Aufklebern an fünfhundert Geschäfte und öffentliche Einrichtungen in Brandenburg verteilt wurden, erhielten die Mitarbeiter den Eindruck, daß es im Land ein weitverbreitetes Desinteresse und mangelnde Verantwortung für gesellschaftliche Entwicklungen gab. Nur die Hälfte der Angesprochenen füllte den Fragebogen aus. Weniger als ein Viertel der Befragten brachten schließlich den Aufkleber an. »Spätestens wenn man zehn Läden durch hatte«, berichtet Susanne Lang von der »Aktion Noteingang«, »wußte man, wo sich die Mitte der Gesellschaft befindet. Wir hatten nicht die Intention, den Rechtsextremismus zu bekämpfen. Ich denke, daß man momentan die Möglichkeit in Brandenburg nicht so richtig hat. Man ist noch zwei Schritte davor: Man muß den Leuten erst klarmachen, wo das Problem überhaupt liegt.«[4]

Der Erfolg der Aktion war davon abhängig, wie die Meinungsführer in den Orten, etwa Bürgermeister und Gemeinderäte, sich zu dem Projekt stellten. Der Bürgermeister von Bernau, wo eine rechtsradikale Gewalttat den Anlaß zur Gründung gab, untersagte jedoch den ihm unterstehenden Einrichtungen, den Aufkleber mit dem Hilfsangebot gegen Rassisten anzubringen. Wer so handelt, den dürfen aufgeklärte Bürger nicht als Bürgermeister akzeptieren. Der Vorsitzende eines Innenstadtvereins warnte davor, »die Fehler von 1933 zu wiederholen«. Denn seiner Meinung nach würde man heute die Rechten so ausgrenzen, wie man damals die Juden ausgegrenzt habe. Wer so handelt, den müssen aufgeklärte Mitglieder als Vorsitzenden ihres Vereins abwählen, um der Toleranz wieder den Wert zu geben, der ihr als Tugend zusteht.

Zu einem ethischen Wert wurde die Toleranz erst spät erhoben. Und wenn sie heute anläßlich eines rassistischen Anschlags beschworen wird, gewinnt man den Eindruck, die Tugend der Toleranz sei eine Floskel und bedeute nur, Menschen anderer Geburt und Kultur oder anderen Glaubens neben sich zu dulden. Das aber ist ein großer Irrtum. Denn hinter dem Begriff Toleranz versteckt sich eine wesentliche intellektuelle und gesellschaftliche Frage: Wie gehe ich mit meinen eigenen Vorstellungen und Überzeugungen, mit dem, was ich denke, für richtig halte, kurz, wie gehe ich mit der Wahrheit – wie die Philosophen es umschreiben – um? Bei den alten Griechen und Römern lebten viele Götter nebeneinander, aber keiner beanspruchte für sich die alleinige Wahrheit. Auf diese Weise war fast jeder in seinem Glauben weitgehend frei. Nur die an einen einzigen Gott glaubenden und eine absolute Wahrheit beanspruchenden Juden und Christen wurden verfolgt, wohl auch, weil sie eine vermeintliche Gefahr für die bestehende kulturelle und politische Ordnung darstellten.

Erst mit der Ausdehnung der monotheistischen Religionen (Judentum, Christentum und Islam) ist die Frage nach der letzten Wahrheit zum Problem geworden. Nachdem der von der Kirche Roms vertretene Glaube in Europa Staatsreligion geworden war, führte die Intoleranz über die Jahrhunderte hinweg zu Kreuzzügen und Massenmorden, schrecklichster Folter und Verbrennungen Andersgläubiger auf dem Scheiterhaufen. Die Christen warfen den Juden vor, sie hätten Jesus, Gottes Sohn, ans Kreuz genagelt und getötet. Erst als die römisch-katholische Kirche in der Reformationszeit in unterschiedliche Glaubensrichtungen aufgespalten worden ist, wurde der Ruf nach Toleranz der verschiedenen Glaubensüberzeugungen laut. Schließlich forderten die Denker der Aufklärung, der Staat habe tolerant zu sein, das heißt, daß er die unterschiedlichen religiösen, sozialen, politischen und wissenschaftlich-philosophischen Überzeugungen gelten lassen müsse. In den modernen demokratischen Verfassungen findet dieses Toleranzgebot seinen Niederschlag in der Garantie der Glaubens-, Gewissens- und Bekenntnisfreiheit, der Kultur- und Religionsfreiheit sowie der Grund- und Menschenrechte.

Als Musterbeispiel für das, wie die Toleranz als sittliche Verhaltensregel wirke, wird auch heute noch in den Schulen die Ringparabel aus Gotthold Ephraim Lessings Ideendrama »Nathan der Weise« angeführt. Ein Mann im Morgenland besaß einen kostbaren Ring, der eine geheimnisvolle Kraft ausstrahlte und dem Träger des Rings

Glück brachte. Er hatte ihn von seinem Vater geerbt und sollte den Glücksring an den seiner Söhne weitergeben, der ihm am liebsten war. Nun hatte er drei Söhne, die er alle gleich gern mochte, so daß er insgeheim jedem der drei den Ring im Fall seines Todes versprach. Deshalb ließ er zwei Kopien herstellen, die so gelungen waren, daß niemand sagen konnte, welches der echte Ring war. Nach dem Tod des Vaters wollte nun jeder der Söhne Chef des Hauses sein, keiner konnte aber nachweisen, daß er den rechten Ring besaß.

Nathan der Weise erzählt diese Parabel dem Sultan Saladin, um ihm zu erklären, niemand könne nachweisen, welche von den drei Religionen – Judentum, Christentum und Islam – die einzig gültige sei. Jede sei für sich richtig. Also solle jeder die Religion des anderen tolerieren. Doch den religiös, politisch, sittlich Andersdenkenden zu dulden und gewähren zu lassen, bedeutet nur Gleichgültigkeit, selbst dann, wenn dieses Dulden mit Freundlichkeit verbunden wäre. Toleranz im ursprünglichen Sinn des Wortes erfordert mehr. Denn das Ziel der Toleranz ist der friedliche Umgang mit der Wahrheit. Und das setzt voraus, daß man erstens selbst über eine Überzeugung, eine Erkenntnis verfügt, zweitens verlangt Toleranz, daß die Wahrheit des anderen nicht nur geduldet, sondern auch noch als gleichberechtigt anerkannt wird, solange sie nicht gegen die demokratischen Grundwerte verstößt.

Toleranz ist schon allein deshalb eine schwierige Tugend, weil sie Vernunft voraussetzt, Wissen und die Fähigkeit zur Erkenntnis. Da es aber keine absolute Wahrheit gibt, hat auch niemand absolut recht. Jeder kann nur mehr oder weniger gut seine eigene Ansicht vertreten. Das führt dazu, daß sich viele verschiedene Überzeugungen gegenüberstehen. Die Tugend der Toleranz gibt nur das rechte Maß vor, wie Personen, die unterschiedliche Religionen, Überzeugungen, Wahrheiten vertreten, miteinander umgehen sollen. Toleranz verlangt, daß jeder bereit ist, einzugestehen, daß seine Ansicht, seine Wahrheit, nur relativ ist. Tatsächlich hat sich fast jede Erkenntnis – auch die der größten Wissenschaftler – als fehlbar erwiesen, und sei es erst nach Hunderten von Jahren. Wer den anderen anerkennt, der muß einräumen, daß in seiner eigenen Überzeugung genauso viele Fehler enthalten sein können, wie er sie in der anderen vermutet. Das fällt allen Menschen – auch den angeblich Weisen – schwer, denn wer gibt schon gern einen Fehler zu. Damit werden viele persönliche Gefühle, Eitelkeiten und Ängste getroffen.

Die moderne Definition von Toleranz fordert dennoch, daß wir unsere Einstellung zu den eigenen Fehlern verändern. Bevor wir den anderen beurteilen, müssen wir lernen, uns selbst in Frage zu stellen und überprüfen, ob unsere Ansicht immer noch standhält. Auf die Frage, was ist Toleranz, antwortet Voltaire: »Toleranz ist die notwendige Folge der Einsicht, daß wir fehlbare Menschen sind: Irren ist menschlich, und wir alle machen dauernd Fehler. *So laßt uns denn einander unsere Torheiten verzeihen.* Das ist das Grundgesetz des Naturrechts.«[5] Aus dieser Einstellung leitet Karl Popper drei ethische Prinzipien her:

»(1) Das Prinzip der Fehlbarkeit: vielleicht habe ich unrecht und vielleicht hast du recht. Aber wir können auch beide unrecht haben.

(2) Das Prinzip der vernünftigen Diskussion: Wir wollen versuchen, möglichst unpersönlich unsere Gründe für und wider eine bestimmte, kritisierbare Theorie abzuwägen.

(3) Das Prinzip der Annäherung an die Wahrheit: Durch eine sachliche Diskussion kommen wir fast immer der Wahrheit näher; und wir kommen zu einem besseren Verständnis; auch dann, wenn wir nicht zu einer Einigung kommen.«[6]

Damit wird die Toleranz eine Tugend, die Selbstüberwindung verlangt und aggressive Triebe zurückdrängt. Wenn aber Toleranz den richtigen Umgang mit Wahrheit zum Ziel hat, dann reicht es noch nicht aus, daß man die persönliche Erkenntnis in Frage stellt und bereit ist, eigene Fehlerhaftigkeit einzugestehen, vielleicht gar nach

Fehlern in der privaten Einstellung zu suchen, sondern wahre Toleranz geht weiter: Sie bleibt nicht passiv und duldet, sondern sie wird aktiv und handelt. Das bedeutet, daß man mit Vertretern anderer Wahrheiten einen Gedankenaustausch über deren Sichtweisen aufnimmt. Denn erst durch das Gespräch über Wahrheiten und Fehler fördert Toleranz das Verstehen und führt dazu, daß Meinungsverschiedenheiten friedlich ausgetragen werden. Und das muß ein Teil des moralischen Erziehungsprogramms von Kindern und Jugendlichen sein.

Die Toleranz ist jedoch keine unbeschränkte moralische Pflicht. Das wäre sie nur, wenn alle die gleichen Voraussetzungen hätten, um nach der Wahrheit zu suchen, und wenn sie dann auch mit der gleichen Intensität dieser sittlich gebotenen Handlungsweise folgen. Deshalb wird zu häufig toleriert, was nicht geduldet werden soll. Aber es kann geschehen, daß es an Information und politischer Macht fehlt, um wirksam zu protestieren. Toleriert wird etwa die Aufrüstung von Ländern der Dritten Welt mit einem gewaltigen Waffenarsenal, das diese Staaten in den finanziellen Ruin treibt und ihnen die wirtschaftlichen Mittel für notwendige Sozialvorhaben, wie ein vernünftiges Bildungssystem, nimmt, gleichzeitig aber die lokalen Diktatoren – so war es mit Mobutu im Kongo, so war es mit dessen Nachfolger Kabila – zu

Multimillionären, wenn nicht gar Milliardären mit Konten in der Schweiz macht. Die Kleptokraten sind die Raubritter des Nachkolonialismus. Dies dürfte nicht geduldet werden, wird es aber, obwohl durch die Habgier der Waffen verkaufenden Industriestaaten Hunderttausende von Menschenleben aufs Spiel gesetzt werden.

So darf auch bei aller Toleranz keine Rücksicht mit Fanatikern geübt werden. Fanatiker nehmen für sich das Recht, ihre Überzeugung mit brutaler Gewalt durchzusetzen. Wer aber gegen den Geist der Menschenrechte und der Verfassung verstößt, den braucht niemand zu respektieren. Denn wer Gewalt anwendet, verwirkt sein Recht auf Toleranz, und wer durch Gewalt eine Straftat begeht, den muß der Staat verfolgen und bestrafen. Und da liegt eines der zu wenig beachteten Probleme unserer Gesellschaft: Gerade die wichtigen Vorbilder in den Gemeinden versagen häufig, wie es die Reaktion des Bürgermeisters von Bernau auf die Anfrage von »Aktion Noteingang« zeigte. Es versagen aber auch Polizei und Justiz in einem Maße, das es plötzlich verständlich macht, weshalb ein neunzehnjähriger Brandstifter wie Jens im Fall Hünxe sich verwundert zeigt, daß der Staat ihn plötzlich zur Verantwortung zieht. Den Wert Freiheit füllen jedoch auch Toleranz, Sicherheit und Verantwortung aus. Und um die Freiheit zu garantieren, muß der Toleranz Schutz gewährt werden. Dies, so will es der Gesellschaftsvertrag, fällt unter anderem auch in die Verantwortung staatlicher Institutionen, die der Bürger eingerichtet hat, um die Sicherheit zu garantieren: Polizei und Justiz. In beiden Bereichen erleben wir dramatisches Versagen.

»Im Rahmen meiner Tätigkeit als Bildungsreferentin für politische Bildung erlebte ich mit einer deutsch-brasilianischen Gruppe in Ostberlin eine ›nette‹ Zusammenkunft mit der Polizei.« So schreibt Anja Kremper in einem Leserbrief an *Die Zeit:* »Vor einem AsylbewerberInnenwohnheim, welches wir zuvor besucht hatten, kam uns eine Polizeistreife entgegen. Das Auto hielt an und hupte ohne Veranlassung. Der Beifahrer kurbelte das Fenster runter und imitierte mit Gesten und Lauten einen Affen. Hier stellt sich die Frage, wie mit solchen Beamten ein Schutz des Wohnheims gewährleistet werden kann. Auf meine Beschwerde an das Polizeipräsidium erhielt ich leider bis heute keine Antwort.«[7]

In der selben Ausgabe dieser Wochenzeitung beklagt Sabine Humuza, ihr »19-jähriger Sohn und sein Freund zum Beispiel, allesamt deutsch, aber mit nicht-deutscher Abstammung«, erlebten es immer wieder, daß nächtliche Kontrollen und Durchsuchungen von Polizeibeamten an der Tagesordnung seien, »während die durch Kleidung und Haarschnitt als Neonazis identifizierbaren Jugendlichen unbehelligt in der Nähe stehen«. Ein anderes Ereignis aus Berlin: Eine ältere Frau fährt mit ihrem deutschen Enkel, der nun nicht gerade typisch deutsch aussieht, in der S-Bahn und wird von Rechtsradikalen angepöbelt. Keiner der Mitreisenden kommt ihr zu Hilfe – außer einer jungen Frau, die ihr Fahrrad dabeihat, weil sie wegen eines Plattens nicht weiterfahren konnte. Daraufhin wird auch die junge Frau angepöbelt und geschlagen. An der nächsten Station taucht Sicherheitspersonal auf. Doch während sich die Polizisten nicht um die Rechtsradikalen kümmern, werfen sie der mutigen jungen Frau vor, es sei verboten, das Rad in der S-Bahn zu transportieren. Die Täter gehen grölend ab: Wie sollen sie in dieser nachlässigen Gesellschaft ein Gefühl des Unrechts entwickeln?

Die »Kritischen Polizisten« versuchen die Aufmerksamkeit auf undemokratische, rassistische oder rechtsradikale Tendenzen in der Polizei zu lenken, doch sie, die demokratisch handeln, werden innerhalb der Polizei als Ruhestörer diffamiert, als »linksradikale Spinner«, als Querulanten, die nur meckern, weil sie keine Karriere machen. So gelangte Mitte der 90er Jahre an die Öffentlichkeit, daß ein Professor an der Fachhochschule Polizei in Hamburg in seinen Vorlesungen Polen-Witze zum besten gab. Es wurde der Papst-Witz erzählt: »Der Heilige Vater soll das

Bundesverdienstkreuz erhalten, weil er als einziger Pole beim Deutschland-Besuch noch nicht geklaut hat.« Aus der Studiengruppe gab es keinen Protest, sicherlich auch aus Angst vor Nachteilen in der Laufbahn. All das sind zwar Kleinigkeiten, aber in der Summe stellen sie dar, welches Bild rechtsradikal gesinnte junge Menschen von der Reaktion der Gesellschaft – und dazu zählen sie die Polizei – erhalten.

Im April 2001 brachte ein anonymer Brief eines Beamten im mittleren Polizeivollzugsdienst an die *Abendzeitung* in München eine Lawine ins Rollen. Er sprach von Nazi-Orden, Rassismus und Volksverhetzung, von rechtsradikalen Auswüchsen in der Polizeikaserne – Hitlergruß eingeschlossen. Nach der Veröffentlichung wurde sofort ein Ermittlungsverfahren eingeleitet. »Erstes Ergebnis: ein Ausbilder, 40 Jahre alt, Oberkommissar und stellvertretender Zugführer bei der 1. Einsatzhundertschaft ... wurde vom Dienst suspendiert – wegen Volksverhetzung. Auch Nazi-Orden wurden in seinem Büro gefunden.«[8] Wenn der Zugführer funkte, dann sei es üblich gewesen, zu rufen: »Sei still, der Führer spricht!«, und auf die Frage, was er denn spreche, hieß es: »Seit fünf Uhr vierzig wird zurückgeschossen.«

Mit diesem Lügenspruch hatte Hitler den Zweiten Weltkrieg entfesselt. Würde sich jemand die Mühe machen, die Regional- und Lokalzeitungen zu durchforsten, käme ein entsetzliches Gesamtbild über die Mentalität innerhalb der deutschen Polizei heraus: Politiker aller Couleur verteidigen sie jedoch, in der falschen Annahme, sie müßten die Wahrer von Sicherheit und Ordnung schützen, schließlich gäben sie dem Wähler, was er verlangte, nämlich Sicherheit und Ordnung. Doch wer so denkt, der irrt. Denn dieses Verhalten führt in Wirklichkeit zu einem Verfall der Werte, da die Sicherheit als Element des ethischen Wertes Freiheit weder gewahrt wird, noch Toleranz und Verantwortung als weitere Elemente der Freiheit in der Bevölkerung als schützenswert dargestellt werden. Denn hier wird toleriert, was nicht geduldet werden dürfte. Und dies führt gleichzeitig zur Stärkung derjenigen, die als Neonazis, Rechtsradikale, Skinheads die Gesellschaft verunsichern.

Auch Mitglieder der Kameradschaft Germania aus der Berliner Neonazi-Szene wurden von den staatlichen Organen so behandelt, daß sie eines Tages vor Gericht erklären werden, sie wunderten sich, daß Gewalt verboten sei. Im Juli 1999 waren rund zwanzig von ihnen zu einem Aufmarsch von Rechtsextremisten gegen die Wehrmachtsausstellung nach Hamburg gefahren. Auf dem Rückweg begegneten sie einer achtköpfigen Gruppe deutscher und polnischer Punks an der Raststätte Stolpe. »Die Punks saßen ganz friedlich vor ihrem

Bus«, sagte ein Beamter der brandenburgischen Polizei später vor Gericht aus. »Plötzlich stiegen die Rechten aus ihren Fahrzeugen aus, vermummten sich und warfen mit Steinen und Flaschen auf die Punks.« Einer schlug sogar mit einer Eisenstange zu. Zwei Polizisten beobachteten den Vorfall, griffen jedoch nicht ein, sondern riefen Verstärkung. Wenig später wurden die sechzehn Neonazis festgenommen. Bei ihnen wurden Hausdurchsuchungen vorgenommen, die Polizei fand Schlagwaffen und Kisten von Propagandamaterialien, die sie aber nicht beschlagnahmten. Zwei Jahre später hatte die Schweriner Staatsanwaltschaft gegen fünfzehn der sechzehn Neonazis immer noch keine Anklage erhoben.

Daß ein anderes Vorgehen möglich war, zeigte die Staatsanwaltschaft in Luckenwalde. Dorthin war ein Verfahren abgegeben worden, weil Jugendlichen und Heranwachsenden grundsätzlich an ihrem Wohnort der Prozeß gemacht wird. In Luckenwalde wurde relativ schnell Anklage erhoben, und im Oktober 2000 – immerhin mehr als ein Jahr nach der Tat – folgte der Prozeß, der mit einer neunmonatigen Bewährungsstrafe für den Angeklagten ausging. Der Berliner Anwalt Stephan Schrage vertrat einen der angegriffenen Punks; er kritisierte das Verhalten von Polizei und Justiz in diesem Fall als einen Skandal. Denn nicht nur daß die Haftbefehle gegen die Angreifer in kürzester Zeit wieder ausgesetzt wurden, sondern einer der Anführer der Kameradschaft, gegen den ebenfalls wegen des Angriffs auf die Punks ermittelt wurde, war vorbestraft, in den vergangenen zehn Jahren waren gegen ihn vierzig Ermittlungsverfahren anhängig. Dieses Verhalten von Polizei und Justiz, so der Rechtsanwalt Schrage, ermuntere die Neonazis regelrecht, weiterzumachen.[9]

In den letzten zwanzig Jahren hat Ingrid Müller-Münch, Korrespondentin der *Frankfurter Rundschau,* Prozesse beobachtet, in denen Rechtsradikalismus eine Rolle spielte. Erst Gerhard Schröders Forderung nach dem »Aufstand der Anständigen« hat ihrer Meinung nach eine entscheidende Wende gebracht. Jahrelang haben Gerichte so getan, als seien gegen Ausländer und Juden gerichtete Gewalttaten lediglich »dumme Jungenstreiche«. Erst jetzt begännen Richter zu verstehen, »daß nicht allein der mahnend erhobene Zeigefinger hier Einhalt gebieten kann, sondern klare, eindeutige Positionen in Gesellschaft, Politik aber auch der Justiz gefordert sind«.[10]

Wahrscheinlich hätte sich die rechtsradikale Szene nicht so schnell formiert und so gewalttätig ausgebildet, wenn die Justiz ihnen von Anfang an unmißverständlich zu verstehen gegeben hätte, daß die Gesellschaft ihr Verhalten nicht duldet. Von anscheinend verständnisvollen Richtern erhielten im Mai 1992 drei Mitglieder einer neonazistischen Jugendbande milde Bewährungsstrafen, obwohl sie einen Brandanschlag auf ein Flüchtlingsheim verübt hatten. Die Richter begründeten ihre Milde damit, daß die Täter mit ihrem Verbrechen doch nur »ein Zeichen setzen« wollten.

Die »allgemeinen politischen und gesellschaftlichen Umstände kurz nach der Wende« sah das Gericht bei der Urteilsfindung wegen des Mordes an dem Angolaner Antonio Amadeu Kiowa als strafmildernden Grund an und bestrafte die Täter gerade mal zu zwei und vier Jahren Haft. In Ravensburg verurteilte ein Richter einen 19jährigen Skin zu fünf Jahren Jugendstrafe wegen Totschlags, obwohl der Neonazi einen Angolaner erstochen hatte. Aber nach Ansicht des Richters hatte das Opfer eine Teilschuld an seinem eigenen Mord: »Wir mußten davon ausgehen«, hieß es in der Urteilsbegründung, »daß die Hautfarbe des Opfers wesentlich zu der Tat beigetragen hat«.

Nicht nur die politischen Vorbilder, nicht nur Polizei und Justiz müssen lernen, die Freiheit als ethischen Wert anzusehen, Verantwortung zu zeigen und Sicherheit nicht allein im polizeilichen, sondern im gesellschaftlichen Sinn zu gewähren. Das Bewußtsein nimmt zu, daß Intoleranz nur mit klaren Grenzen bekämpft werden kann. Immer mehr Bürger nehmen an diesem gesellschaftlichen Kampf teil, immer mehr Unternehmen unterstützen Aktionen, immer mehr Polizisten und Richter verstehen ihre Rolle neu. Aber immer noch verstehen zu wenig Menschen, daß nur durch konsequentes Handeln und nicht durch bloße Lippenbekenntnisse die Werte wieder anfangen werden zu leben.

Natürlich läßt sich trefflich fordern, wir müssen Kinder und Jugendliche schon in frühem Alter zu einer offenen Zivilgesellschaft erziehen, doch was macht eine Schuldirektorin, wenn sie mit der konkreten Frage konfrontiert wird: Soll sie einem Schüler erlauben, in Bomberjacke und Springerstiefeln am Unterricht teilzunehmen? Eine Reihe von Schulen haben dies inzwischen verboten. Und Ursula Hanebeck, Leiterin der Gesamtschule »Am Lauerhaas« in Wesel am Niederrhein, hatte keinen Zweifel. Als ein fünfzehnjähriger Schüler in der typischen rechtsradikalen Kleidung erschien, verbot sie es ihm, nachdem die ersten Hakenkreuz- und Türken-raus-Schmierereien in der Schule zu sehen waren. Zehn Prozent der Schüler sind Ausländer, von denen vor allem die Mädchen Angst bekamen. Selbstverständlich ändert das Kleiderverbot nichts in den Köpfen, das weiß auch Ursula Hanebeck, ein begleitender Unterricht kann aber viel bewirken. So beobachtete die Schulleiterin eine »deutliche Erweiterung des Bewußtseins« bei Schülern und Lehrern, denn alle waren plötzlich »sehr wach« für das Thema

Rechtsradikalismus. Und der Leiter der Forschungs- und Arbeitsstelle »Erziehung nach/über Auschwitz«, Matthias Heyl, meint: »Kleiderverbote lösen das Problem nicht, setzen aber ein notwendiges Zeichen. Ein Verbot nimmt diese Art der Jugendkultur sogar ernster als alle akzeptierende Pädagogik, nämlich als das, was sie ist: eine nicht akzeptable Gewaltandrohung.«[11]

In Brandenburg hat die Polizei nach diesem Muster eine Einheit eingerichtet, die den »öffentlichen Raum« sichermachen soll. Unter dem Kürzel »Mega« (für »Mobile Einsatztrupps gegen Extremismus, Gewalt und Ausländerfeindlichkeit) treten fünf Trupps von jeweils acht Polizeibeamten gegen rechte Gewalt an. Ihre Aufgabe ist es, zu verhindern, daß die Rechtsradikalen sich trauen, Gewalt auszuüben. Das gelingt, indem die Beamten in der Nähe der Treffpunkte rechtsextremistischer Jugendlicher präsent sind, regelmäßig an Wochenenden Bahnhöfe, Tankstellen und Jugendclubs besuchen und sogar bei rechtsextremen Wahlveranstaltungen zugegen sind. Nach zwei Jahren kannte die Szene die Beamten so gut, daß Teile von ihr wegen der dauernden Kontrolle Brandenburg frustriert verließen und nach Mecklenburg-Vorpommern oder Sachsen-Anhalt auswichen.

Nun gibt es jedoch wieder Kritik von anderer Seite: Die Handlungsweise der Polizei werde zu sehr erweitert. Sie solle sich darauf beschränken, Straftäter zu verfolgen und potentielle Opfer schützen. Aber genau das erreicht Mega; denn die sich stets verändernde Gesellschaft muß auch von ihren Institutionen verlangen, daß sie sich diesen Veränderungen anpaßt. Wir haben gesehen, welche Mentalität die Polizei oft noch beherrscht, und da ist kritische Wachsamkeit Gebot. Aber wenn Politik und Polizei auch einmal neue Wege des Denkens, die Sicherheit schaffen, gehen wie in Brandenburg, sollten die Bürger dies anerkennen.

Toleranz bedeutet vor allem Wissen um den anderen. Und da fehlt es in Deutschland in vielen Bereichen: Das Leben der Bürger jüdischen oder islamischen Glaubens, ihre Feiertage und welche religiösen Vorstellungen damit verbunden sind, finden in der allgemeinen Öffentlichkeit nicht statt. Das führt zu erstaunlich negativen Reaktionen bei den geringsten, vom Alltäglichen abweichenden Handlungen. Als ein Fernsehmoderator in der Düsseldorfer Synagoge ein ausführliches Gespräch mit Paul Spiegel zu dessen erstem Amtsjubiläum als Präsident des Zentralrats der Juden in Deutschland führte, bat dieser seinen Gesprächspartner, eine Kipa aufzusetzen. Dies führte selbst bei Zuschauern, die sich nicht als antisemitisch betrachten, zu erstaunlich negativen Reaktionen. Weshalb sich der nicht-jüdische Interviewer sich hier einer jüdischen Tradition anpasse, wurde zum Teil äußerst aggressiv gefragt. Das sei doch nicht nötig.

Werte werden nur dann wieder den Wert erhalten, den wir uns wünschen, wenn die Bürger ständig bereit sind, ihre Einsicht zu erweitern. Und – wenn Rechtsradikale, wenn Polizei und Justiz, wenn auch die Politiker gerade im lokalen Bereich zur Einsicht nicht bereit sind, dann müssen sie in die Pflicht genommen werden, so wie Kant sie definiert. Drum ohne Verantwortung keine Sicherheit:

– ohne Sicherheit keine Toleranz
– ohne Toleranz kein Frieden
– ohne Frieden – keine Freiheit

Anmerkungen

1 Der Spiegel, 47/2000, S. 17.
2 Dieter Sturzbecher, Ronald Freytag, Antisemitismus unter Jugendlichen, Göttingen, Bern, Toronto, Seattle 2000, S. 59.
3 ebenda.
4 Wolfgang Benz (Hrg.), Jahrbuch für Antisemitismusforschung 9, Frankfurt a. M. 2000, S. 18.
5 zit. nach Karl Popper, Duldsamkeit und intellektuelle Verantwortung, in: Offene Gesell-

schaft – offenes Universum, 3. Aufl. Wien 1983, S. 103 ff.

6 ebenda.

7 Anja Kremper, Leserbrief, Die Zeit vom 3. Mai 2001.

8 Münchener Abendzeitung vom 20. April 2001.

9 Heike Kleffner, Polizei zu feige, Justiz zu lahm, die tageszeitung vom 26. Mai 2001.

10 Ingrid Müller-Münch, Wenn Richter »zeitgemäß« urteilen, Frankfurter Rundschau vom 18. November 2000.

11 Matthias Heyl, Die Woche vom 23. März 2001.

Gleichheit hat sich in Gerechtigkeit verwandelt

Die *Gerechtigkeit* gehört zu den Tugenden, die schon im Altertum von der Kunst als eine Figur dargestellt wurden. Meist ist sie eine Frauenstatue, die mit verbundenen Augen ihres Amtes waltet und in einer Hand eine Waage hält, in der anderen ein Schwert. Das Schwert deutet an, daß Justitia auch straft. Die verbundenen Augen gewährleisten, daß sie gerecht entscheidet – ohne Ansehen der Person. Dieser Gedanke findet sich in dem lateinischen Spruch *fiat iustitia, pereat mundus* wieder; diese Aussage machte Papst Hadrian VI., als er es ablehnte, das Verfahren gegen einen Mörder niederzuschlagen, nur weil dieser von hoher Geburt war.

Der von Hadrian erzogene Kaiser Karl V. erhob dessen Maxime zu seinem Wahlspruch. Er bedeutet nichts anderes, als daß die *Gerechtigkeit* walten soll, wer auch immer vor ihr steht (*mundus* bedeutet hier nicht die Welt, sondern die weltliche Macht: *Gerechtigkeit* darf vor der weltlichen Macht nicht haltmachen). Das kann aber auch bedeuten, daß der Richter, der gerecht sein will, Mut oder Zivilcourage – andere Tugenden – besitzen muß, um seines Amtes zu walten. Dafür gibt es auch in der angeblich so gerechten Bundesrepublik Deutschland zahlreiche Beispiele. So wurde etwa der Beamte, der die illegale Beschaffung von Parteispenden in den 80er Jahren in Bonn aufdeckte, solange unter Druck gesetzt, bis er sein Amt aufgab – allerdings hielt er aus, bis er die Gesetzesverstöße zahlreicher Politiker aufgedeckt hatte.

Die Waage zeigt an, daß zwischen zwei Interessen entschieden wird. Das ist eines der besonderen Wesen der *Gerechtigkeit:* Sie setzt die Existenz mindestens dreier Personen voraus, zwei haben unterschiedliche Ansichten, und die dritte trifft das rechte Maß. Denn erstens darf niemand in eigener Sache urteilen, damit es zu gerechten Urteilen kommt. Zweitens gilt als Voraussetzung, daß beide Seiten angehört werden. Drittens darf nicht mit zweierlei Maß gemessen werden.

Die Gerechtigkeit betrifft die Beziehung der Menschen untereinander – sei es im privaten Bereich, sei es im staatlichen Gefüge. Sie setzt Streitigkeiten voraus, die es entweder zu lösen oder aber durch das staatliche Recht zu verhindern gilt. Im privaten Bereich wird die Gerechtigkeit häufig als die Tugend der Starken bezeichnet. Der Starke ist derjenige, der auf Grund seiner geistigen Fähigkeiten, seiner körperlichen Kraft oder seines Vermögens mehr Macht hat als der Schwache; doch vom Starken wird erwartet, daß er trotz seiner Macht den Schwächeren nicht zu übervorteilen sucht. Von diesem Gedanken aus hat der Amerikaner John Rawls seine »Theorie der *Gerechtigkeit*« entwickelt. Er spricht von *Gerechtigkeit* als Fairneß. Sein Prinzip lautet, daß soziale und wirtschaftliche Ungleichheiten so geregelt werden sollen, daß sie dem am wenigsten Bevorteilten am meisten nutzen.

Wie keine andere Tugend ist die *Gerechtigkeit* ein Scharnier im Gefüge der zahlreichen Werte und Tugenden, eine Kardinaltugend, und der Mensch hat einen Anspruch auf ihre Anwendung. Deshalb darf man *Gerechtigkeit* fordern, während man Hilfe nur erbittet. Es kann ohne Freiheit keine *Gerechtigkeit* geben. Und Ausfluß der *Gerechtigkeit* ist wiederum die Gleichheit. Dieser Gedanke findet sich sowohl in der Goldenen Regel wieder – »Was du nicht willst, das man dir tu', das füg auch keinem andern zu« – als auch im kategorischen Imperativ von Immanuel Kant – »Handle so, daß die Maxime deines Willens jederzeit zugleich als Prinzip einer allgemeinen Gesetzgebung gelten könne.« Der Gerechtigkeitssinn führt zum Gleichheitsprinzip, das in Verfassungen alle drei Gewalten bindet (im Grundgesetz Artikel III in Verbindung mit Artikel I, Absatz 3).

Die *Gerechtigkeit* wird aber auch dort eine soziale Tugend, wo sie im Sinn der Solidarität der Gemeinschaft die Verteilung der beschränkt vorhandenen Güter vornimmt, nach dem Prinzip:

Jedem kommt das Gleiche zu. Der wohl kaum mehr als hundert Jahre alte Begriff der *sozialen Gerechtigkeit* ist jedoch heute immer noch heftig umstritten. Der Streit geht darum festzulegen, was es bedeutet: Jedem komme das Gleiche zu. Während wirtschaftsliberale Denker den Begriff der sozialen *Gerechtigkeit* ablehnen[1], da dieser Begriff nicht auf das Ergebnis eines spontanen Wirtschaftsablaufs angewendet werden dürfe, wird er von denen bejaht, die *soziale Gerechtigkeit* nicht ausschließlich als Frage der Verteilung, sondern als solidarische Pflicht in einer Gesellschaft, als Sozialpolitik verstehen.[2]

Gerechtigkeit ist die Grundlage dessen, was als Generationenvertrag umschrieben wird. Hilflos kommt das Kind auf die Welt und kann nur überleben, weil die Eltern ihm helfen. Aber im Alter werden die Eltern die Hilfe der nun erwachsenen Kinder benötigen, die sie ihnen – so ist es gerecht – im Tausch für die empfangene Hilfe wiedergeben. Aber die *Gerechtigkeit* zwischen den Generationen geht sehr viel weiter und betrifft auch den Umgang jeder Generation mit der Welt, auf der sie leben. Da die Natur endlich ist, verlangt es die Gerechtigkeit, wenn eine Generation den Kommenden die Erde in dem Zustand weitergibt, in dem sie ursprünglich war.

Diesen Gedanken kann man auch auf andere Bereiche übertragen: Es ist ungerecht, wenn eine

Generation über ihre Verhältnisse lebt und der anderen eine unangemessene Staatsverschuldung hinterläßt. Politiker, die dies hinnehmen, verstoßen gegen die Tugend der *Gerechtigkeit*. Manchmal fühlt der Bürger sein persönliches Gerechtigkeitsempfinden durch den Staat verletzt. Besonders dann, wenn eine Entscheidung nach einem allgemeinen Maßstab gefällt wird, das Ergebnis aber – in diesem besonderen Fall – ungerecht erscheint.

Doch der Staat ist zur Gleichbehandlung verpflichtet und muß seine Regelungen allgemein und nicht auf den Einzelfall ausrichten: Da hat der Soldat im Zweiten Weltkrieg den Befehl verweigert, als er Frauen und Kinder in einem feindlichen Dorf nicht erschießen wollte. Dafür riskierte er die Todesstrafe, aber glücklicherweise kam er nur für einige Jahre ins Zuchthaus. Jahrzehnte später, als er in Rente ging, wurden ihm die Zuchthausjahre bei der Berechnung abgezogen. Er erhielt weniger als derjenige, der dem Befehl gehorchte und auf Frauen und Kinder schoß; denn dem wurden die folgenden Kriegsjahre angerechnet. Schließlich erhält man im Regelfall Rente nur für die Zeit, die anzurechnen ist. Und dazu gehören keine Zuchthausjahre. Das entspricht dem Recht, ist aber ungerecht. Von allen Tugenden ist die *Gerechtigkeit* wirklich die schwerste – und vielleicht auch die seltenste.

Nicht nur die Werte wandeln sich mit den Generationen, auch die Rangfolge hat sich selbst bei den Philosophen über die Jahrhunderte, ja über die Jahrtausende hinweg verschoben. *Freiheit* ist für Gesellschaft, Politik und Wirtschaft heute die Grundformel, ohne die Gleichheit und Brüderlichkeit nicht denkbar wären. Ohne Freiheit kann der Mensch nicht zwischen Gut und Böse unterscheiden. Und frei ist er nur als Individuum. »Auf seine Freiheit verzichten«, sagt Jean-Jacques Rousseau, »heißt auf seine Eigenschaft als Mensch, auf seine Menschenrechte, sogar auf seine Pflichten verzichten.«[3]

Gleichheit und Brüderlichkeit sind nur Stützwerte der Freiheit für das Funktionieren einer gerechten und sozialen Gesellschaft. Wobei der Begriff *Gleichheit,* oberflächlich betrachtet, falsche Hoffnungen wecken kann. Gleichheit bedeutet nicht, daß alle Menschen die gleichen Ansprüche hätten, noch nicht einmal, daß alle ein Anrecht auf ein Leben in gleichen Umständen geltend machen können. Wer auf dem Land aufwächst, hat nicht die gleichen Anregungen wie der, der in der Großstadt zur Schule geht. Wer von reichen Eltern geboren wird, hat eine bessere Ausgangslage als der von armen.

Gleichheit ist zunächst ein rechtlicher Begriff, der als Prinzip vorsieht, daß vor dem Recht ein jeder »ohne Ansehen seiner Person« gleich behandelt werden soll. Das ist der Grund, den heute vielleicht manch einer schon vergessen hat, weshalb Justitia als Statue mit der Waage in der Hand verbundene Augen hat, nicht aber – wie Spötter sagen –, weil sie blind ist. Unter Gleichheit verstehen wir also Gerechtigkeit. Da im modernen Sozialstaat zur Menschenwürde auch das Recht auf eine angemessene soziale Existenz gehört, geht die Gerechtigkeit über das normale Gesetz hinaus. Der Staat hat die Aufgabe für soziale Gerechtigkeit zu sorgen, dem Armen die gleichen Bildungschancen zu ermöglichen, wie der Reiche sie hat, oder etwa einem Menschen in Not ein Recht auf Unterstützung zuzugestehen.

Bei Platon stand nicht die Freiheit sondern die *Gerechtigkeit* an erster Stelle auf der Tugendskala, die Anfang des 20. Jahrhunderts in der Ethik (etwa bei dem Philosophen Nicolai Hartmann) an die unterste Stelle tritt. Der Unterschied zwischen Platon und Hartmann liegt in einer anderen, veränderten Einschätzung von Gerechtigkeit, die zu einer unterschiedlichen Definition führt. Für Platon bedeutet der *gerechte* Staat nichts anderes als der ideale, der vollkommene Staat. Hartmann meint, die Gerechtigkeit sei eine sittliche Minimalforderung, die noch kein besonderes sittliches Verdienst in sich schließt.

Das System des Kommunismus stellte die Gleichheit noch über die Freiheit, weil sie die

Gleichheit der Besitzverhältnisse als Grundwert einer gerechten Gesellschaft ansah. Voller Stolz behaupten heute nun die Anhänger der »freien« Marktwirtschaft, der Ostblock sei zusammengebrochen, weil der Mensch sich nicht umerziehen lasse: Er wolle frei nach Eigentum streben können und nicht zur »Gleichmacherei umerzogen« werden. Und da nun einmal der eine fleißiger als der andere sei, mehr Risiko auf sich nehme oder einfach geschickter handele, werde der eine reich und der andere nicht. Der Mensch – so die Marktwirtschaftler – wolle, was das Eigentum angeht, nicht gleich sein.

Ein Beispiel aus der Wirklichkeit widerspricht dieser Ansicht. Denn es besteht die streng nach christlichen Regeln lebende Gemeinschaft der Hutterer, die ursprünglich aus Deutschland stammt und jetzt im Westen Kanadas etwa zwanzigtausend Menschen umfaßt. Sie leben in dörflichen Gesellschaften, bei denen es außer dem wirklich privaten Besitz von Kleidung, Möbeln etc. kein Einzeleigentum gibt. Die Häuser, die Traktoren, die Autos, die Felder sind Gemeineigentum. Der einzelne benötigt nur wenig Geld, da alle Ausgaben aus der gemeinsamen Kasse gezahlt werden. Alle sind gleich – vor Gott. Und Gottes Werte bestimmen das Leben ihrer Dorfeinheit. Ich war eine kurze Weile in solch einer Gemeinschaft zu Gast und habe erfahren, daß die meisten äußerst zufrieden mit sich und ihrer Umwelt sind, zufriedener als die Menschen »draußen«. In der Gleichheit »vor Gott« erleben sie eine große Freiheit. Sie duzen jeden, weil sie auch Gott duzen. Und als eine Abordnung der Hutterer der englischen Königin als Monarchin von Kanada vorgestellt wurde, durften die Hutterer auch Elisabeth II. mit Du ansprechen.

Gleichheit vor Gott ist mehr als die vor dem Recht und dem Eigentum, sie ist Freiheit. Um diese Freiheit zu erhalten, übt die Gemeinschaft einen erheblichen Druck aus, der sich streng an die biblischen Werte – zuerst die zehn Gebote – hält (Hutterer sind wegen des fünften Gebotes – Du sollst nicht töten – vom Wehrdienst befreit). Es gibt gegen Verstöße strenge Strafen, die von den Ältesten ausgesprochen werden können. Das beginnt damit, daß man einen oder zwei Tage mit den anderen nicht reden darf und endet mit dem »Bann«, dem Ausschluß aus der Gemeinschaft – entweder für eine gewisse Zeit oder für immer. Das mag so streng wirken wie bei uns »lebenslänglich«.

Wegen der Strenge in der Gemeinschaft, die nicht größer ist als die in jeder anderen Gesellschaft auch, brechen junge Leute hin und wieder aus ihren Dörfern aus, weil sie die Freiheit draußen für größer halten. Die meisten kehren jedoch zurück, weil sie die Vereinzelung in der

Marktwirtschaft nicht ertragen. Die tiefe Ruhe, die die Hutterer ausstrahlen, ist bewundernswert. Sie leben ein gesellschaftliches Modell vor, in dem die Mitglieder der Gemeinschaft Einsicht in die Pflichten zeigen. Allerdings kann nach diesen Wertvorstellungen nur leben, wer in ihre protestantische Glaubensgemeinschaft hineingeboren worden ist. Die individualistische Welt läßt sich auf diesen »paradiesischen« Zustand gewiß nicht zurückdrehen.

Die Besitzverhältnisse und die damit verbundene Ausbeutung der Nichtbesitzenden waren es im 19. Jahrhundert, die den Klassenkampf um das Eigentum beflügelten. Nach dem Zusammenbruch jenes Teiles der Welt, der die klassenlose Gesellschaft als Utopie zumindest zur Zeit der russischen Oktober-Revolution im Geiste mittrug, stellen die Soziologen in Deutschland fest, daß sich hier eine Gesellschaft ohne Stände und Klasse schon angebahnt hat. »Die Ungleichheit der Menschen in unserer Gesellschaft läßt sich nicht mehr in Klassen fassen«, ist eines der Hauptergebnisse einer Untersuchung des Soziologen Ulrich Beck.[4] Während sich früher Angehörige der oberen Mittelschicht und der Arbeiterschicht durch Kleidung, Sprachstil, Wohnart, politische Einstellung, Konsum, Urlaub oder Automarke unterschieden, sind heute die Zusammenhänge sehr viel unübersichtlicher geworden. Wenn heute ein Mann aus dem Mercedes steigt und Tennis spielt, so Beck, wisse man nicht, ob er Direktor oder Facharbeiter ist.

Mit dem Ausbau des Sozialstaates, der Verrechtlichung der Arbeitsbeziehung, den gleichen Chancen bei der Bildung, dem erhöhten Lebensstandard und der sozialen wie geographischen Beweglichkeit haben sich ständisch geprägte Klassenunterschiede aufgelöst. Allerdings bedeutet dies nicht, daß alle Ungleichheiten verschwunden sind. Daß – trotz aller öffentlich bekundeten Einsichten – die Emanzipation der Frau, obwohl ihre Gleichheit mit dem Mann nun seit über zwanzig Jahren in aller Munde liegt, immer noch nicht umgesetzt worden ist, ist ein Skandal. Diese ungleiche Behandlung ist ungerecht. Überall!

Für dieselbe Arbeit werden Frauen in den meisten Fällen schlechter bezahlt als Männer. Im Fall einer Entlassung sind Frauen eher betroffen als Männer. Und in den Regierungen sind Frauen häufig Alibi-Politikerinnen. Nun gut, die SPD hat die Quotenregelung eingeführt, doch bei den anderen etablierten Parteien hat man den Eindruck, daß sie im Ausgleich dazu weniger Frauen aufstellen, weshalb die Frauen in der CDU auch schon murren und von der Quote reden. Im Bundestag sind weibliche Abgeordnete eine kleine Minderheit. In den Medien gibt es keine Frau als Intendantin, kaum eine in den übrigen Chefpositionen. Es liegt nicht am Mangel von kompetenten Frauen, sondern an einer festgefahrenen Männerriege, die in Deutschland Frauen weniger nach oben kommen läßt als in vielen anderen Industrieländern. Das trifft besonders auf die Wirtschaft und die Finanzinstitute zu. Auch in der schreibenden Presse kommen Frauen als Herausgeberinnen, Chefredakteurinnen, Ressortleiterinnen selten vor, obwohl *Die Zeit* ihre besten Jahre unter einer Frau – Marion Gräfin Dönhoff – hatte.

Nun gut, diese Ungerechtigkeiten sind zu beklagen, sind bekannt und werden sich nur ändern, wenn die Einsicht wächst. Es bestehen andere Ungerechtigkciten, über die in der Gesellschaft eher geschwiegen wird, da die einen kein Interesse an einer öffentlichen Debatte haben, die anderen sich das Türchen auch offenhalten wollen, weil sie hoffen, davon eines Tages zu profitieren. So entstehen Tabus. Es besteht eine ungerechte Behandlung zwischen denen, die viel haben, und denen, die nichts haben. Dies ist nicht neu, auch keine sozialistische Kritik, sondern eine, die fordert, im Rahmen der Marktwirtschaft für Moral zu sorgen. Da klagte einst der Präsident des Bundesfinanzhofs auf der Jahrestagung des Bundesverbands deutscher Stiftungen, Parteien – und er meinte natürlich die SPD – würden im Fall eines Wahlsiegs die Reichen höher besteuern wollen. Damit leisteten sie ihrem Land einen schlechten Dienst, denn sie verleiteten die Reichen zur Steuerflucht.[5] Was für eine Moralvorstellung steckt hinter solch einer Bemerkung? Wenn die Reichen unmoralisch (Steuerflucht) handeln, ist es Schuld einer Regierung, die eine Pflicht für die Gesellschaft einfordert!

Der Finanzhofchef erinnerte an den Ausspruch des Finanzministers von König Ludwig XIV. von Frankreich, des »Sonnenkönigs«, Steuern zu erheben heiße, die Gans so zu rupfen, daß man möglichst viele Federn bei möglichst wenig Schnattern erhalte. Das deutsche Steuerrecht verhelfe dagegen nur zu wenigen Federn bei möglichst viel Geschnattere. Als Hauptübel bezeichnete er den Unterschied zwischen der Steuerbelastung, die man zahlen müßte und der tatsächlich gezahlten. Wenn dieser Unterschied nicht verringert werde, zahlten bald nur noch die »Dummen« Steuern; die anderen übertrügen ihre Erträge und Gewinne in Niedriglohn- und Niedrigsteuerländer.

Wenn die SPD einst davon sprach, die »Besserverdienenden« sollten die Kosten der deutschen Einheit tragen und damit diejenigen meinte, die – als Verheiratete – hundertzwanzigtausend Mark verdienen, so wird die Steuerlast diejenigen treffen, die so wenig verdienen, daß ihnen kein Geld zum Abschreiben übrigbleibt. In diesen Jahren der Einheit erklärten alle Steuerberater den mehr als Besserverdienenden, der Staat habe ihnen ein

Jahrhundertgeschenk gemacht: Wer richtig in den östlichen Bundesländern investiere, der zahle fünf Jahre lang fast gar keine Steuern. Das konnten nur diejenigen, die mehr verdienen, als sie für ihren Lebensunterhalt benötigen. Für solch eine ungerechte Lösung kann man immer noch Gründe finden, so lockte der Staat Investitionen dorthin, wo sie dringend benötigt wurden. Aber diese gesetzlich geregelte Ungleichheit ist nur ein kleiner Zipfel an gesellschaftlich (staatlich) geduldeter Ungerechtigkeit, die einem Mangel an Ethik bei Staat und Wirtschaft entspringt.

Es geht immer ums liebe Geld. Der Betrug des Frankfurter Baulöwen Jürgen Schneider fällt unter die Kategorie Wirtschaftskriminalität – genauso wie die nicht genehmigte Lieferung von Gütern nach Libyen, dem Irak oder dem Iran, wenn deutsche Firmen halfen, Giftgasfabriken etc. zu bauen. Diese Taten sind strafrechtlich relevant und werden so behandelt. Moralisch macht uns das Ausland – »Auschwitz in the sand« – mehr Vorwürfe, als es die Bundesregierung oder die Standesorganisationen der Wirtschaft gegenüber taten. Hier wäre es moralische Pflicht, öffentlich die betroffenen Unternehmer zu stigmatisieren.

Alles, was nicht verboten ist, gilt im Wirtschaftsleben als erlaubt. Selbst wenn es noch so gravierend ist, geschieht es, auch wenn es von so großem sozialen Schaden ist, daß es eigentlich verboten werden müßte. Dazu gehört der große Bereich der Steuerhinterziehung. Es gibt in der Gesellschaft eine relativ großzügige Betrachtung dieses Tatbestands. Aber auch der Staat geht damit um, als handle es sich um ein Kavaliersdelikt. Da beginnt die Ungerechtigkeit. Um den Staatshaushalt zu sanieren, werden fünfzehn bis zwanzig Milliarden Euro den Sozialhilfeempfängern und anderen bedürftigen Gruppen gestrichen, obwohl der Wert Gleichheit ihnen einen – aus der Würde des Menschen hergeleiteten – Anspruch auf Hilfe gewährt, während die Steuerhinterziehung – so wird geschätzt – den Staat einhundert Milliarden Euro kostet.

Weshalb, so stellt sich die Frage, sorgt der Staat nicht für eine größere Steuergerechtigkeit, statt den Bedürftigen die Hilfe zu nehmen? Dazu gehörten zweierlei: einmal der Wille, zum zweiten die Kompetenz. Man muß »wollen«, denen, die viel verdienen – und deshalb viel an der Steuer vorbeischleusen –, mehr zu nehmen (das könnten die einer Regierung übelnehmen). Zum anderen müßte man einfachere Gesetze verabschieden, um sie für die Steuerzahler einsehbar zu machen und die Finanzbeamten in die Lage zu versetzen, die Steuergleichheit auch verwirklichen zu können. Die Diskussion über eine Steuervereinfachung, die Abschaffung von Ausnahmetatbeständen und

Subventionen flammt immer wieder einmal auf, so 2003/2004, hat aber bislang keine Folgen gehabt. Und die, die unversteuerte Gewinne im Ausland verstecken, sollen sogar noch belohnt werden, indem sie nur eine Pauschale zahlen, falls sie ihr Geld zurückholen.

Legale Unternehmen bedienen sich gelegentlich auch illegaler Methoden. Tag für Tag praktizieren Tausende von Firmen Umweltkriminalität, indem sie Fremdstoffe in die Flüsse oder Meere kippen lassen oder indem sie in Drittländern den Müll abladen, den sie in Deutschland nicht entsorgen dürfen. Oder: Wirtschaftlich ist es sinnvoll, gesetzlich ist es erlaubt, Schiffe unter Billigflaggen fahren zu lassen, Mannschaften aus Asien oder Lateinamerika zu Dumpinglöhnen anzuheuern und – das Schlimmste – dabei alle Sicherheitsstandards zu umgehen. Das ist nur unmoralisch. Solche Zusammenhänge werden häufig bloß als Einzelfälle gesehen, gehören aber in einen größeren Zusammenhang und müssen im Rahmen einer Diskussion um die Ethik einer Gesellschaft ernsthaft geprüft werden – und dürfen nicht leichthin in die Ecke der Kapitalismus-Kritik abgeschoben werden.

Und – noch unerfreulicher: Man spricht heute schon ganz offiziell von Regierungskriminalität. Weshalb duldet sie der Staat? Ein Grund dafür liegt im gesteigerten Interesse einer Regierung daran, die Wirtschaft über das Maß hinaus zu fördern, das noch im legalen Bereich zulässig wäre. Hinzu kommt, daß der Staat eventuell auch versucht, manche Leute zu schützen, sie entweder einer Strafverfolgung zu entziehen oder die sie verfolgenden Behörden zu beeinflussen. In großen Verfahren kommen häufig von mehreren hundert Delikten nur zehn oder fünfzehn aus »prozeßökonomischen« Gründen seitens der Staatsanwaltschaft wirklich zur Anklage. So wird nicht der gesamte Umfang des durch den Beschuldigten verursachten Schadens ermittelt – durchaus mit Wissen und Wollen der Justiz, etwa, weil der betroffene Unternehmer in der Wirtschaft eine bedeutende Rolle spielt.

Eine Staatsanwaltschaft kann – als Anklagebehörde – auch verhindern, daß es zu einer Anklage kommt. Das Opportunitätsprinzip, das nun gilt, entlastet einerseits den Staatsanwalt, doch vermag er auch zu entscheiden, ob ein Wirtschaftsverbrechen seiner Meinung nach sozialschädlich war oder nicht. Da kann er bestimmte Praktiken einfach dulden, nicht unbedingt als bösen Willen. Denn die Staatsanwaltschaften sind völlig überlastet mit der Kleinkriminalität und sehr schlecht ausgestattet, um die komplizierten Vorgänge von großen Wirtschaftsvergehen voll zu erfassen. Da muß der Ankläger zusätzlich Volks- oder Betriebswirt sein und auch noch internationale Zusammenhänge durchschauen, um hinter große Millionenschiebereien blicken zu können. Zwar bestehen beim Bundeskriminalamt und den Landeskriminalämtern Sonderdienststellen, die meist überlastet sind und deshalb große Sammelverfahren weiterschieben. Vom BKA zum LKA zur nächsten Polizeidienststelle, so daß es nie wirklich zur Ermittlung kommt.

Aber es fehlen nicht nur die fachlichen Spezialisten, sondern auch der staatliche Wille. Hier versagen die Innenpolitiker, auch jene, die so gern nach harten Maßnahmen und »mehr« Polizei rufen. Mehr Polizei wäre nicht vonnöten, es reichte eine Umschichtung: weg von der akribischen Verfolgung der Kleinkriminalität. Die wirklich große Kriminalität richtet einen sehr viel größeren Schaden für die Gesellschaft an. Mit einem Unterschied: Die Großkriminellen duschen sich häufiger, sprechen ein gepflegteres Deutsch, haben seltener eine Fahne und spielen vielleicht auch noch Golf. Die Gewichte bei der Verteidigung der Werte sind hier falsch gesetzt.

Die Banken gehören zu dem Wirtschaftszweig, der wegen der internationalen Verflechtung möglichst kaum kontrolliert wird. Und wenn Kontrollen stattfinden, dann geht man nachlässig und großzügig vor. Als die Quellensteuer in Deutschland – auf Druck von Frankreich – eingeführt wurde, erlaubte es der Staat, daß seriöse Institute, wie etwa die Deutsche Bank, sich eine Niederlassung in Luxemburg zulegten (wie alle anderen größeren deutschen Banken auch), damit die Gelder, die vor dieser Steuer fliehen, dort in Luxemburg sofort wieder in dieselbe eingezahlt werden können. Solches Vorgehen wird nicht nur gesetzlich erlaubt, sondern auch moralisch hingenommen. Wie das Ifo-Institut für Wirtschaftsforschung errechnete, lag das Aufkommen aus der Zinssteuer dann auch um 6,5 Milliarden Euro niedriger als erwartet. Hunderte von Milliarden verschwinden so in Steueroasen – bis in die Bahamas oder gar die Cayman-Inseln. Wer aus Deutschland Bargeld entfernen will, dem helfen die Banken ungeniert – und der Staat weiß es, ohne an die Pflichten einer Gesellschaft zu erinnern. Da kommt kein Appell an die Gerechtigkeit von seiten der Regierung. Statt dessen werden Gesetze gemacht, um die Bevölkerung zu beruhigen, aber mit einem milden Augenzwinkern schaut dieser Staat zu, wie die Wirtschaft die Gesetze wieder umgeht.

Fachleute haben den Verdacht häufig geäußert, in vielen die Wirtschaft betreffenden Gesetzen seien vom Gesetzgeber bewußt Hintertürchen offengelassen worden. Damit schwindet das Vertrauen nicht nur in die Banken, sondern auch in die Politik. Wie solch ein Hintertürchen angelegt werden kann, zeigte der Versuch, mit dem die FDP – die

Wirtschaftspartei, wie sie sich selbst bezeichnet – das »Waschen« von Geld am »Geldwäschegesetz« vorbei ermöglichen wollte. Um zu verhindern, daß Drogengelder legalisiert werden, müssen Banken ab einer gewissen Summe, die eingezahlt wird, sich über deren legale Herkunft versichern. Nur für Rechtsanwälte sollte – so wollte es die FDP – eine Ausnahmeregelung geschaffen werden, so daß es keine Schwierigkeit gewesen wäre, das Gesetz mittels eines Anwalts zu umgehen. Nur weil die Liberalen es so plump anpackten und Öffentlichkeit wie Opposition sensibel reagierten, konnte verhindert werden, daß das Gesetz in sich schon die Entschärfung beinhaltete. Aber häufig sind Gesetze und deren Hintertürchen so kompliziert angelegt, daß nur wirkliche Spezialisten sie verstehen.

Weshalb reagiert nun die Allgemeinheit auf ethisches Fehlverhalten in der Wirtschaft so vorsichtig? Sicher liegt es daran, daß jeder einzelne auch seinen kleinen Versicherungsbetrug, seine kleine Falschangabe bei der Steuer, sein bißchen Schwarzarbeit zu verantworten hat, so daß er schweigt, wenn er von den großen Verstößen hört. Das Unrechtsbewußtsein fehlt. Und es schwindet noch mehr, wenn er dann von den immer größeren Gaunereien erfährt, wenn ihm klar wird, wie politische Parteien entweder schweigen oder aktiv mitmachen. Dann weitet auch er seine unethischen Praktiken aus. In Buchläden gehören die wohlsituierten Bürger und Bürgerinnen inzwischen zu den regelmäßigen Dieben, in den Supermärkten nimmt auch schon mal ein Politiker etwas mit, Schwarzfahren ist jedermanns Sport. So dreht sich die Spirale des unmoralischen Handels immer weiter.

Wolfgang Ockenfels, Wirtschafts- und Sozialethiker an der Universität Trier, fordert deshalb eine moralische Marktwirtschaft. Freiheit und Verantwortung sind, so sagt er, die Voraussetzungen sowohl für die Marktwirtschaft wie auch für Moral. Ockenfels beschränkt sich im wesentlichen darauf, von den Unternehmen zu fordern, die »goldene Regel« – Was du nicht willst, das man dir tu, das füg auch keinem anderen zu – und die Zehn Gebote einzuhalten. Beileibe nichts Außergewöhnliches. »Es gibt aber Situationen«, so Ockenfels, »in denen verantwortliches Handeln einem teuer zu stehen kommen kann. Ist man nicht manchmal der Dumme, wenn man sich anständiger verhält als der andere? Sollte man nicht doch besser der Konkurrenz den moralischen Vortritt lassen? Moral ist nicht immer gratis zu haben. Sie kostet meist Selbstüberwindung, Zeit und Geld. Sie ist ein Zeichen von Souveränität, Mut und Stärke – und unterstreicht die Glaubwürdigkeit des Unternehmens. (Das mag sich hoffentlich auch materiell auszahlen.)«[6]

Der Gedanke von Freiheit als höchstes Gut innerhalb einer Gesellschaft hat sich in Deutschland bis heute nicht so maßgeblich durchgesetzt wie in England, Frankreich und besonders in den USA. Und im Sommer 2001 zeigten neue Untersuchungen in der Bundesrepublik sogar, daß die Freiheit an Bedeutung an die Gleichheit abgeben mußte. Doch dort, wo das Bedürfnis nach Gleichheit zunimmt, wächst die Macht des Staates, der die Gesellschaft kontrolliert und dem Individuum Freiheit nimmt. Nun haben die Ostdeutschen die Freiheit mit ihrem unblutigen Volksaufstand 1989 gegen die DDR-Führung erkämpft, und dieses historische Ereignis hätte sich angeboten, den Bürgern Selbstbewußtsein zu geben, sich verstärkt um die Freiheit zu kümmern. In vielen Ländern sind gelungene Revolten gegen Diktaturen zu einem positiven Symbol für das weitere Verhalten der Bürger herangewachsen. Aber erstaunlicherweise hat der Sturz der DDR-Diktatur den Wert »Freiheit« bei den Bürgern leider nicht gestärkt.

In den ehemaligen Gebieten der DDR wird heute sogar der Gleichheit der Vorzug vor der Freiheit gegeben. Somit bleibt die Bundesrepublik weiterhin eine Staatsgesellschaft – im Gegensatz zu den Bürgergesellschaften in Frankreich oder den Vereinigten Staaten, wo sich die Bürger stärker gegen die Bevormundung durch den Staat wehren. Dagegen fällt in Deutschland dem öffentlichen Bereich eine gewichtigere Rolle zu und damit auch den dort handelnden Personen.

Der Soziologe Max Weber hat sich in seiner berühmten Rede aus dem Jahre 1920 »Der Beruf zur Politik« Gedanken über den öffentlichen Bereich gemacht und ist der Frage nachgegangen, inwieweit Politik auch nach den Maßstäben ethischer Werte ausgeführt werden sollte.[7] Dies wird gern von denen bestritten, die Politik ausschließlich aufgrund der Maßstäbe des Florentiner Renaissance-Schriftstellers Niccolò Machiavelli beurteilen nach dem Motto, Politik hat nur mit der Erringung und dem Erhalt von Macht zu tun. Max Weber folgt diesem Gedanken jedoch nicht und verbindet Politik und Ethik, macht aber den Unterschied zwischen Gesinnungsethik und Verantwortungsethik. Der Gesinnungsethiker handelt nach dem Motto: Der Christ tut Recht und stellt den Erfolg Gott anheim, während der Verantwortungsethiker davon ausgehen muß, für die Folgen seines Handelns, soweit er sie voraussehen kann, auch einzustehen.

Webers Rede sei den heute agierenden Politikern und Staatsdienern zur Lektüre empfohlen. Denn leider versagen Vertreter des Staates (nicht nur Politiker, sondern auch Personen, die von der Politik abhängen) häufig aus Machtstreben, wenn sie vor ethischen Entscheidungen stehen. Das hemmungslose Streben politischer Parteien nach

Macht hat seinerzeit schon Bundespräsident Richard von Weizsäcker beklagt, und es war der einzige Grund für die schwarzen Kassen des CDU-Vorsitzenden Helmut Kohl, für sein vermeintliches Ehrenwort, für die Schweizer Konten der hessischen CDU. Dieses ausschließliche Machtstreben trägt zum Verfall der ethischen Werte in unserer Gesellschaft bei.

Denn Politik darf sich nicht auf Machterwerb und Machterhalt reduzieren lassen, »sie hat es notwendig mit der Verwirklichung von Gerechtigkeit zu tun«, schreibt Ernst-Wolfgang Böckenförde, ehemaliger Verfassungsrichter und führender deutscher Staatsrechtslehrer. »Ob und in welcher Weise Gerechtigkeit in einem politischen Gemeinwesen herrscht oder auch nicht herrscht, wird wesentlich von politischem Handeln beeinflußt.«[8] Ohne Gerechtigkeit läßt sich eine demokratische Gesellschaft nicht vorstellen. Denn nicht umsonst hat der französische Philosoph Charles de Montesquieu auf der Dreiteilung der Gewalten beharrt: Neben die Regierung und das Parlament hat er die Justiz gestellt, die nach seiner Vorstellung unabhängig und nur dem Gesetz unterworfen sein soll und damit in kritischem Abstand zu den politisch bestimmten beiden ersten Gewalten steht. Die Justiz muß Vorbild sein, denn wie soll der Bürger sonst von der Gerechtigkeit als ethischem Prinzip für sein eigenes Verhalten überzeugt werden.

Doch daran mangelt es im staatlichen Justizsystem in Deutschland. Denn wer sich unabhängig an die Sache macht, der muß in der angeblich so gerechten Bundesrepublik dafür büßen. Das untertänige Verhalten der Justiz im Spendenskandal um Helmut Kohl ging so weit, daß Wilhelm Hennis, emeritierter Professor für Politikwissenschaft und einer der scharfsinnigsten Parteienkritiker Deutschlands, im April 2001 zu einer Protestaktion beim Generalstaatsanwalt in Köln aufrief. Hennis beklagt, wie wenig Staatsanwaltschaften sich bemühten, ihrem gesetzlichen Auftrag nachzukommen, offenkundige oder wahrscheinliche Straftaten von politischen Machthabern aufzuklären.

Die Augsburger Staatsanwaltschaft hatte manches getan, um Vorgänge, die mit dem Strauß-Clan zusammenhingen, unter den Tisch zu kehren, bevor es im Januar 2004 zu einem Prozeß gegen den Sohn des früheren bayerischen Ministerpräsidenten wegen Steuerhinterziehung kam.[9] Professor Hennis geriet in Rage, weil die Staatsanwaltschaft in Bonn sich weigerte, ein Verfahren einzuleiten, das Kanzleramtschef Frank-Walter Steinmeier am 7. Juli 2000 durch eine Anzeige wegen Computer-Sabotage in Gang bringen wollte. Steinmeier hatte sich erinnert, was er im Oktober 1998, wenige Stunden nach der Amtsübergabe von Helmut Kohl an den neugewählten Bundeskanzler Gerhard Schröder, im Kanzleramt erlebt hatte. Als er gegen zehn Uhr nachts sein künftiges Büro aufsuchte, traf er auf eine Sekretärin, die Akten im Reißwolf zermalmte. Steinmeier fragte, was sie noch so spät treibe, worauf die Dame keck antwortete: »Das sehen Sie doch!« Erst später wurde Steinmeier klar, was hier geschehen war.

Durch den Parteispendenskandal von Helmut Kohl und der CDU wurde es plötzlich höchst wichtig, in die Dokumente des Kanzleramts einzusehen, die sich mit Airbus-Verkäufen nach Kanada und Thailand, mit dem Verkauf von Eisenbahnerwohnungen an den späteren CDU-Großspender Karl Ehlerding oder mit dem Thyssen-Panzergeschäft mit Saudi-Arabien und besonders mit dem Verkauf von Leuna befaßten. In den Archiven des Kanzleramts waren die Originale zu diesen Vorgängen verschwunden, während die Unterlagen zu anderen Airbus-Verkäufen – etwa nach Malaysia oder China – aufzufinden waren. Die Staatsanwaltschaft begründete ihre Entscheidung, kein Verfahren einzuleiten, mit der Feststellung, daß es »nicht im Ansatz« ersichtlich sei, »welchen Sinn eine absichtliche Beseitigung der Originalakten haben könne, da diese Akten doch vollständig in Kopie vorhanden seien«.

Nun waren weder die Akten noch die Kopien vollständig erhalten, und: auf Originalen können handschriftliche Vermerke vorhanden sein, die nach dem Herstellen der Kopie aufgetragen wurden – und sehr aussagekräftig sein könnten. Dem öffentlichen Protest des Politologen Hennis, der einige Jahre CDU-Mitglied war und Helmut Kohl eine Zeitlang bewunderte, schlossen sich mehr als zwölftausend Bürger mit einem Brief an den Generalstaatsanwalt in Köln an. Der ließ sich die Akten kommen und wartete lange mit einer Entscheidung. Nicht die Gerechtigkeit ist das Ziel des Handelns der Justiz, meint Hennis, sondern »mit denen ›da oben‹ legt man sich besser nicht an, die Beförderungschancen liegen in ihrer Hand. So beginnt die Unfreiheit überall: Es ist besser, sich einem Mächtigen, einem Patron anzudienen, wenigstens seiner Partei anzugehören«.[10]

Aufgrund des Parteispendenskandals plante der Bundestag das, was er gesetzgeberische Konsequenzen nennt. Der Bundespräsident hat eine Expertenkommission einberufen, die sich darüber Gedanken machte, wie ein schärferes Parteienfinanzierungsgesetz auszusehen habe. Der Berg kreißte, und heraus kam eine Maus. Die einzig wirkliche Strafmaßnahme hätte heißen müssen: Verstöße gegen das Parteiengesetz führen zur Aberkennung des passiven Wahlrechts, und sei es auch nur für eine beschränkte Zeit. Danach hätten Politiker, die wissentlich das Parteiengesetz umgehen, damit rechnen müssen, ihr Amt zu verlieren. Doch da Parteien darüber entscheiden, wie sie selbst bestraft werden können, haben auch die Mitglieder der Kommission ein windelweiches Expertenpapier verfaßt nach dem Motto: Das könnte durchkommen. Es sind so viele Schlupflöcher angelegt, daß über kleine Umwege eine illegale Parteienfinanzierung immer wieder möglich ist.

Gerechtigkeit scheint nicht der Maßstab des Handelns zu sein, ebenso wenig wie die von Max Weber geforderte Verantwortungsethik. Für einen Laien mag es wie ein Hohn klingen, wenn er einen Blick in das Strafgesetzbuch wirft, wo unter § 129 die Bildung krimineller Vereinigungen bestraft wird. Dort heißt es in Absatz 1: »Wer eine Vereinigung gründet, deren Zwecke oder deren Tätigkeit darauf gerichtet sind, Straftaten zu begehen, oder wer sich an einer solchen Vereinbarung als Mitglied beteiligt, für sie wirbt oder sie unterstützt, wird mit Freiheitsstrafe bis zu fünf Jahren oder mit Geldstrafe bestraft.«

Nun kann der normale Bürger sich nicht vorstellen, daß eine politische Partei eine Vereinigung sein könnte, die gegründet wird mit der Absicht, Straftaten zu begehen. Trotzdem haben die Parteien im Absatz 2 dieses Gesetzes festgehalten, daß sie von der Bestrafung ausgenommen werden: »Absatz 1 ist nicht anzuwenden … wenn die Vereinigung eine politische Partei ist, die das Bundesverfassungsgericht nicht für verfassungswidrig erklärt hat, ...«

Wie gesagt: Gerechtigkeit ist wie kein anderer ethischer Maßstab ein Scharnier im Gefüge der zahlreichen Werte, eine Kardinaltugend, und der Mensch hat Anspruch auf ihre Anwendung. Deshalb darf der Bürger Gerechtigkeit fordern. Wenn »Justitia« die Waage in der Hand hält, so zeigt sie an, daß zwischen zwei Interessen entschieden wird, und als Richtmaß dient die Gerechtigkeit. Sie regelt das Handeln der Menschen im Verhältnis zueinander. Da die Bürger einer Gesellschaft mehrere Rollen ausüben, tritt das Verhältnis zum andern in dreierlei Gestalt auf. Zunächst stehen sich zwei gleichberechtigte Bürger gegenüber, als zweites handelt der Bürger als Wähler gegenüber der politischen Gemeinschaft, als drittes wirkt die politische Gemeinschaft mit ihren Entscheidungen auf den Bürger ein. Wir haben gesehen, wie es um die Beziehung von Bürger und Staat steht. So könnte doch wenigstens im Verhältnis der Bürger untereinander Gerechtigkeit walten.

Erinnern wir uns an John Rawls und seine »Theorie der Gerechtigkeit« als Fairneß.[11] Sein Prinzip lautet: Soziale und wirtschaftliche Ungleichheiten sollen so geregelt werden, daß sie dem am wenigsten Bevorteilten am meisten nutzen. Die Habgier siegt jedoch über Fairneß. Natürlich haben die Habgierigen einen anderen

Begriff für ihr Verhalten gefunden, der einen positiven Klang hat. Sie sprechen von Share-holder-value, von Gewinnmaximierung oder einfach nur von Prämie. Darunter kann man alles verstehen, und gesellschaftlich scheint der hemmungslose Griff in die Geldbeutel immer stärker toleriert zu werden. Denn die maßlose Aktienspekulation im Internet-Bereich hat nicht nur die erfahrenen Börsianer und reichen Aktienbesitzer angelockt, sondern gerade den ganz normalen Verdiener. Vom Taxifahrer über den Maskenbildner zum Metzger und Beamten hin haben alle an dem Roulettespiel teilgenommen und sich ausnehmen lassen.

Während jeder den Verlust an der Börse selber zu verantworten hat, haben sich viele Menschen in ihren Berufszweigen daran gewöhnt, den Gewinn zu maximieren, auch wenn die Verfahren illegal sind. Die Habgier hat inzwischen auch die letzten Naturreservate erreicht. Waren die Deutschen stets stolz auf ihre Beamten, die treu ergebenen Diener des Staates, pünktlich, genau und unbestechlich, so wird inzwischen selbst gegen Beamte des Bundeskriminalamtes und mehrerer Landeskriminalämter wegen Bestechung ermittelt.

Im Sommer 2001 entdeckte der Frankfurter Oberstaatsanwalt Wolfgang Schaupensteiner eine »Sumpflandschaft«, wie er sie »so nicht für möglich gehalten hatte«. Mehr als zweihundert Frankfurter waren in ein flächendeckendes Korruptionssystem verstrickt. Die Funktionäre im Frankfurter Hochbauamt und in den städtischen Wohngesellschaften hatten sich über Jahre und Jahrzehnte hinweg bereichert. Baufirmen erkauften sich so Wohlwollen und Aufträge, doch die Bestechungsgelder fanden sich in überhöhten Rechnungen wieder. So stieß die Staatsanwaltschaft auf einen Vorfall, wonach Bauleiter Karlheinz M. und Thomas P. von der Frankfurter Aufbau AG Handwerksrechnungen beglichen hatten, die um 152 762 Mark überhöht waren. Die Kosten für den Wiederaufbau des abgebrannten Schwimmbads Höchst lagen sogar mit 1,11 Millionen Mark um 168 Prozent über der vorgesehenen Auftragssumme. Die Bestechungsgelder summieren sich in Millionenhöhe – zu Lasten des Steuerzahlers. Am meisten entsetzte den Oberstaatsanwalt Schaupensteiner die Uneinsichtigkeit der biederen Täter. Sie sahen in ihrem Handeln kein Unrecht.

Millionenschäden verursachen jedes Jahr auch Ärzte und Patienten, so daß die Krankenkassen inzwischen Sonderermittler einsetzen. Sie fanden heraus, daß Kardiologen Herzkatheder zu überhöhten Preisen mit den Krankenkassen abrechneten. Der Schaden für die AOK betrug zwei Millionen Mark. Eine Apotheke rechnete Nährstofflösungen zur Ernährung Krebskranker über den Tod der Patienten hinaus ab. Die Rechnungen schickte ein Krankenhausarzt, der die Patienten behandelt hatte, über einen Pharmavertreter an die Apotheke – es ging um immerhin 3,1 Millionen Mark. Um 3,5 Millionen Mark schröpften Orthopäden die Kassen, indem sie mit einem Sanitätshaus verabredeten, daß ihre Patienten Rezepte für Maßanfertigungen einreichen würden, sie aber nur Standard-Einlagen erhielten. Unrechtsbewußtsein: null.

Nur wenn die Habgier zu offensichtlich wird, greift die Staatsanwaltschaft ein, auch wenn sie immer wieder feststellt, daß die Betroffenen nicht verstehen, weshalb sie belangt werden. Zu sehr hat sich in dieser Gesellschaft der Gedanke durchgesetzt, jeder dürfe nehmen, was er bekommen könne. Und da sind die Starken stets in der Vorhand. Auf Kosten der Aktienbesitzer bedienten sich Mannesmann-Manager, als der britische Konzern Vodafone die Übernahmeschlacht gewonnen hatte. In der Nacht vom 3. auf den 4. Februar 2000 verkündeten gegen 23 Uhr die Konzernchefs von Mannesmann, Klaus Esser, und von Vodafone, Chris Gent, eine friedliche Einigung, und Gent strahlte: »Klaus und ich, wir sind beide Gewinner.« Am Tag darauf tagte der Ausschuß für Vorstandsangelegenheiten des Aufsichtsrats und beschloß, Esser und vier weitere Mannesmann-Manager sollten eine »Prämie« von hundert Millionen Mark erhalten. Der kurzfristige Aufsichtsratschef des Unternehmens, Joachim Funk, fünf Jahre lang Vorstandsvorsitzender von Mannesmann, wollte auch entschädigt werden, forderte neun und erhielt sechs Millionen Mark. Und obwohl Mannesmann nun in absehbarer Zeit in Vodafone aufgehen würde, wurden noch schnell die beiden Manager Kurt Kinzius und Albert Weismüller zu Vorständen erhoben.

Dem stimmten die Mitglieder des Vorstandsausschusses zu – dabei Josef Ackermann, inzwischen Chef der Deutschen Bank, und auch der damalige IG-Metall-Chef Klaus Zwickel. Die Staatsanwaltschaft Düsseldorf ermittelte gegen Esser und vier ehemalige Vorstandsmitglieder, gegen Funk, Gent und Ackermann wegen des Verdachts der Untreue zum Nachteil der Aktionäre, um mögliche Bestechung und Bestechlichkeit. Denn es ist kaum ersichtlich, weshalb Esser und Konsorten 111 Millionen Mark an »Prämien« und Pensionsleistungen verdient haben sollten, es sei denn für ihre Zustimmung zur Übernahme von Mannesmann durch Vodafone. Das bestritten freilich die Beschuldigten vor der 14. Wirtschaftsstrafkammer des Düsseldorfer Landgerichts. Josef Ackermann soll da gesagt haben, die Bundesrepublik sei das einzige Land, »wo diejenigen, die erfolgreich sind und Werte schaffen, deswegen vor Gericht stehen«.[12]

Das geht selbst der nicht gerade wirtschaftsfeindlichen *Frankfurter Allgemeinen* entschieden gegen den Strich. Dort schrieb Holger Steltzner: »Offenbar haben manche Führungskräfte der Wirtschaft ihre Bodenhaftung verloren. Einige Manager sind schnell bereit, unter Verweis auf angeblich internationale Gepflogenheiten für sich amerikanische Gehälter zu fordern, bei zugleich kleinen deutschen Risiken. Statt auch die unangenehmen Seiten angelsächsischer Unternehmensführung (transparente Bezahlung, hohe persönliche Risiken und starke Kontrolle durch Aktionäre) auf sich zu nehmen, klagen dieselben Manager lieber über die Standortnachteile in Deutschland und predigen Lohnzurückhaltung der Arbeitnehmer... Hochmut und Habgier einiger weniger Manager bringen unzählige ehrbare Kaufleute, Unternehmer und Manager in Deutschland in Verruf, die nicht nur auf den Aktienkurs schielen, sondern die auch das Wohl der Mitarbeiter, Kunden, Liferanten und der Gemeinde im Auge haben. Das Management von Unternehmen kann ein Knochenjob sein. Die Gehälter für Führungskräfte in der Wirtschaft dürfen hoch sein, staatliche Regeln sind nicht notwendig. Nötig ist allerdings wieder eine Kultur des Anstands. Echte Unternehmer nehmen hohe Risiken auf sich, setzen ihr Kapital ein und haften oft auch noch mit ihrem Familienvermögen. Im Unterschied dazu sind auch die Spitzenmanager großer Konzerne nur leitende Angestellte, die das Geld anderer Leute ausgeben...«[13]

Die Habgier nimmt in Form von Korruption in Deutschland zu. Das bestätigt die Rangliste von Transparency International, die die Einschätzung der Korruptionsverbreitung im öffentlichen Dienst und unter Politikern widerspiegelt. Die Bundesrepublik ist darauf auf Platz 20 gerutscht, im vorhergehenden Jahr stand sie noch auf Rang 17 und 1999 bei 14. Michael Wiehen, der Vorsitzende der deutschen Abteilung dieser äußerst seriösen Einrichtung zur weltweiten Beobachtung von Korruption, hält das stetige Abrutschen Deutschlands auf dem Korruptionsindex für alarmierend. Es reflektiere »die nicht enden wollenden Skandale bei der Parteienfinanzierung, beim Mißmanagement öffentlicher Unternehmen und bei der manipulierten Vergabe und mangelhaften Durchführung öffentlicher Bauaufträge«. Und Wiehen befürchtet, den größten Schaden richte vielleicht »die Tatsache an, daß die deutsche Justiz die zahlreichen Korruptionsskandale oft nur sehr zögerlich angeht«.

Gerechtigkeit hat viele Facetten, sie ist auch eine soziale Tugend, wo sie im Sinn der Solidarität der Gemeinschaft die Verteilung der beschränkt vorhandenen Güter vornimmt – nach dem Prinzip: Jedem kommt das gleiche zu.

Als die Diktatur der DDR zerfallen war, hofften die ostdeutschen Bürgerrechtler, nun in der Bundesrepublik einen gerechten Staat zu finden. Doch der Satz von Bärbel Bohley zeigt die große Enttäuschung: »Wir erwarteten Gerechtigkeit, und es kam der Rechtsstaat.« Damit drückte sie aus, was sicherlich viele denken: Gerechtigkeit empfinden wir persönlich, der Rechtsstaat ist anonym. Seine Entscheidungen sind häufig nicht einzusehen. Wenn dies so ist, hat der Staat einen Teil seiner moralischen Glaubwürdigkeit verloren.

Anmerkungen

1 Friedrich A. von Hayek, Recht, Gesetzgebung und Freiheit, Landsberg am Lech 1981, Bd. 2, S. 93 ff.

2 John Rawls, Eine Theorie der Gerechtigkeit, Frankfurt a. M. 1975, S. 115 ff.

3 Jean-Jacques Rousseau, Vom Gesellschaftsvertrag, Frankfurt a. M. 2000, S. 11.

4 Siehe Rudolf Reiser, Der Generaldirektor im Stehimbiß, Süddeutsche Zeitung vom 4. Februar 1993.

5 in dem Artikel: Deutsche spenden im Ausland. Frankfurter Allgemeine Zeitung vom 19. Mai 1994.

6 Wolfgang Ockenfels, Plädoyer für eine moralische Marktwirtschaft, Hamburger Abendblatt vom 23./24. April 1994.
7 Max Weber, Der Beruf zur Politik, in: Soziologie, Weltgeschichtliche Analysen, Politik, Stuttgart 1968, S. 167 ff.
8 Ernst-Wolfgang Böckenförde, Nicht Machterhalt ist das Ziel der Politik, sondern Gerechtigkeit, in: Ulrich Wickert (Hrg.), Das Buch der Tugenden, Hamburg 1995, S. 347 ff.
9 Der Spiegel 4/2004, S. 58 ff.
10 Wilhelm Hennis, Deutschlands untertänige Justiz, Die Zeit vom 19. April 2001.
11 John Rawls, Eine Theorie der Gerechtigkeit, Frankfurt a. M. 1975.
12 Der Spiegel 5/2004, S. 51.
13 Frankfurter Allgemeine Zeitung vom 20. Februar 2004.

Brüderlichkeit – oder: Begehrlichkeit als Leitmotiv der Gesellschaft

Deutschland, wie auch viele andere westliche Industrieländer, befindet sich seit Jahren in einem in seiner langen Geschichte bisher nie dagewesenen Zustand, in dem die Bürger Frieden, Freiheit und Wohlstand weitgehend unbesorgt genießen können. Und der Wohlstand ist – trotz so mancher Ungerechtigkeit – immer noch äußerst weit gestreut. In den ersten Jahrzehnten ihrer Existenz definierte sich die Bundesrepublik als soziale Marktwirtschaft, der Begriff vom solidarischen Wohlfahrtsstaat prägte sich ein. Doch beide Elemente drifteten bald auseinander – und das aus dem selben Motiv: aus Begehrlichkeit. Die Marktwirtschaft verlor aus Habgier das Beiwort »sozial«, der Wohlfahrtsstaat opferte die Solidarität dem Anspruchsdenken. Denn den materiellen Wert »Geld« hat die Gesellschaft spätestens in den 90er Jahren zum Goldenen Kalb erhoben, und manchmal drängt sich der Eindruck auf, als werde der materielle Besitz zum einzig gültigen Gesellschaftsziel erklärt.

Das ließ sich besonders kraß in den Zeiten des sensationellen Aufstiegs und des genauso plötzlichen Absturzes von Firmen des »Neuen Marktes«

beobachten. In der veröffentlichten Meinung wurden besonders jene Unternehmensführer zu großen Vorbildern hochgeschrieben, die aus dem Nichts EM.TV oder ähnlichen Firmen aufbauten, deren Marktwert in Aktien bald über dem von ebenso »seriösen« wie »alten« Firmen, etwa der Deutschen Lufthansa, lagen. Als der Börsenabsturz aber diese aufgeblasenen Glücksritter auf den Boden der Tatsachen hinabbeförderte, verdammte sie dieselbe öffentliche Meinung zwar, aber es schwang bei aller Kritik immer die Bewunderung mit, daß jene Menschen wenigstens ein dickes Millionenpolster für sich privat erwirtschaftet hatten. Da die meisten Kleinanleger als Opfer anonym bleiben, erfahren sie kein Mitleid.

Die bisher gültigen Regeln, durch die ein Mensch auf redlichem Weg zum Wohlstand gelangt, haben aus mindestens zwei Gründen an Anerkennung verloren. Zum einen lehrt die Erfahrung, daß nur ein beschränkter Teil der Gesellschaft dieses materielle Ziel erreicht, zum anderen aber erhält Reichtum eine solche unverhältnismäßige Bedeutung, daß sich die Bereitschaft der Menschen, dieses Ziel auf jedem auch nur irgendwie möglichen Weg zu erreichen, ins Unermeßliche steigert. Die öffentliche Meinung, beeinflußt von Politik und Wirtschaft, hat einen wesentlichen Einfluß auf dieses Verhalten, denn sie gibt die scheinbar unwiderruflich richtige

Begründung vor: Gewinner werden sozial in die höchste Rangstufe der gesellschaftlichen Akzeptanz gestellt, gleichgültig ob sie die Regeln gebrochen haben oder nicht.

In der Wahrnehmung wird Kriminalität auch selten mit Wirtschaft und Finanzen verbunden, sondern die Furcht vor Verbrechen und mangelnder innerer Sicherheit hängt mit Gewalt zusammen. Und Gewalt weckt Ängste und spricht damit die Gefühle der Menschen an. Deshalb reagieren Politik und Medien stärker auf den Überfall auf eine Bank als auf den Betrug oder die Unterschlagung durch Mitarbeiter von Banken, obwohl damit weitaus größerer Schaden angerichtet wird – aber er wirkt eben weniger spektakulär. Wenn es einem Baulöwen wie dem bereits erwähnten Jürgen Schneider gelingt, die Banken um Milliarden zu erleichtern, dann wird er auch nach einer geringen Gefängnisstrafe wieder in die Talkshows eingeladen – und ist damit weiterhin »wer«. Diese Form der Kriminalität wird eher geduldet, denn sie ist nicht Ausdruck von Not und Bedürftigkeit, sondern Folge von Begehrlichkeit.

Die Grenzen des erlaubten Handelns lockern sich von Jahr zu Jahr. 1985 billigten 29 Prozent der Befragten den Versicherungsbetrug, 1992 waren es schon 39 Prozent. In der jüngeren Generation wuchs diese Haltung innerhalb des Befragungszeitraums sogar von der Minderheits- zur

Mehrheitsmeinung: Während 1985 »nur« 40 Prozent der unter Dreißigjährigen davon »überzeugt waren, daß ein Versicherter bei Versicherungsfällen ohne weiteres zusätzliche, nicht berechtigte Ansprüche« geltend machen könne, waren es 1992 schon 57 Prozent. Dieser Verfall der Werte läßt sich auch in anderen Bereichen nachweisen: So meinte noch eine Mehrheit von 65 Prozent der Bevölkerung im Jahr 1985, Steuerhinterziehung sei unter keinen Umständen zu rechtfertigen. In den folgenden sieben Jahren wechselten so viele ihre Meinung, daß 1992 nur noch eine knappe Mehrheit von 51 Prozent diese Ansicht teilte.[1] Über diese Entwicklung darf man sich nicht wundern, denn die Bereicherungsmentalität in Politik, Wirtschaft und Finanzen kann jeder Bürger fast jeden Tag über Presse, Funk und Fernsehen miterleben.

Wenn es Banken und Firmen der »new economy« ungestraft gelingt, Aktien im Wert von 234 Milliarden Mark an den kleinen Mann zu bringen, die ein Jahr später nur noch 30 Milliarden wert sind, dann sind alle Grenzen der Begehrlichkeit aufgehoben.[2] Aber auch »seriöse« Unternehmen wie die Deutsche Telekom haben durch Schönrechnung ihres Immobilienwertes eine hohe Marktbewertung erhalten, die innerhalb eines Jahres zusammenbrach. Vom März 2000 sank der Unternehmenswert der Telekom von 314 Milliarden Euro auf knapp 100 Milliarden Euro, was einen Verlust von mehr als 200 Milliarden Euro – 400 Milliarden Mark (knapp soviel wie der Bundeshaushalt für das Jahr 2000!) – bedeutet.

In der öffentlichen Meinung wird der Aktienabsturz zur »Kapitalvernichtung« erklärt. Aber nicht alles Kapital ist »vernichtet« worden. Es hat sich eingebürgert, ein Unternehmen auf den Aktienmarkt zu bringen, daran verdienen Banken und Verkäufer, und wenn die Aktien nach einiger Zeit nur noch einen Bruchteil dessen wert sind, wozu sie ausgegeben wurden, kauft der ursprüngliche Verkäufer sie zurück, besitzt dann weiterhin sein Unternehmen und hat zusätzlich an der Börse ein Vielfaches des Wertes dieses Unternehmens erwirtschaftet: Das Kapital ist also nicht »vernichtet«, sondern den Anlegern aus der Tasche gezogen worden. Sie sind die Dummen. Im landläufigen Verständnis sind sie betrogen worden, aber nicht im strafrechtlichen Sinn.

Ethische Werte haben innerhalb des Wirtschaftsgeschehens kaum noch eine Bedeutung, das ergibt sich aus kriminologischen Untersuchungen. So stellt Susanne Fischer in ihrem Forschungsprojekt über »Betriebe als Opfer« fest, daß Betriebskriminalität in vielen Fällen nicht angezeigt wird, weil ganze Belegschaften daran beteiligt sind, ja daß sich sogar ganze Branchen illegaler Methoden bedienen.[3] So schildert der ehemalige Abteilungsleiter eines Kaufhauses, daß fast die gesamte Belegschaft regelmäßig Waren stiehlt, besonders die Verkäufer, die sich morgens vor der Öffnung des Geschäfts unbeaufsichtigt in den Verkaufsräumen aufhalten. Das sei allen im Hause bekannt, aber da sich die Abteilungsleiter, wie auch die Angestellten in der Personalabteilung, fast ausschließlich aus dem Personal des Kaufhauses rekrutieren, waren sie früher selbst einmal Verkäufer und haben in dieser Funktion auch gestohlen. Nun haben sie zwar eine höhere Position erreicht, aber sie können sich schwer auf eine neue, moralische Position stellen, da alle Mitarbeiter ihr vorheriges unethisches Verhalten kennen. Würden sie plötzlich streng durchgreifen, dann liefen sie Gefahr, verpetzt zu werden, und könnten ihren Arbeitsplatz verlieren.

In jeder Gesellschaft werden Grenzen überschritten und Regelungen nicht auf Punkt, Komma und Strich eingehalten, und das nehmen selbst strenge Ethiker hin, wenn es sich um »läßliche Sünden« handelt, weshalb der vom Bundesfinanzministerium geplante Gesetzentwurf zur Verschärfung des Kampfes gegen Schwarzarbeit in seiner ursprünglichen Fassung von vornherein keine Aussicht auf Realisierung hatte.[4] Einen gewissen Bereich von nicht deklarierter Arbeit, zum Beispiel Minijobs im Haushalt oder im Garten, wird es immer geben, und daran wird die

Gemeinschaft auch nicht leiden oder gar zugrunde gehen. Das liegt auch daran, daß staatliche Regeln nie perfekt sind und nicht jeden speziellen Einzelfall berücksichtigen können, da sie allgemeingültig sein sollen. Aber in der Bundesrepublik hat die Schwarzarbeit inzwischen so zugenommen, daß man nicht mehr von einer läßlichen Sünde sprechen kann. Sie macht inzwischen 16 Prozent des Bruttosozialprodukts aus. Würde sie auf ein Mindestmaß zurückgeschraubt, könnten 500 000 Stellen besetzt werden – vorausgesetzt freilich, daß alle jetzt schwarz ausgeführten Arbeiten auch dann ausgeführt werden, wenn sie ganz offiziell abzurechnen sind.

Von der Schwarzarbeit profitieren Unternehmer wie Arbeitnehmer. Die Unternehmer sparen die zusätzlichen Lohnabgaben und zahlen häufig Löhne weit unter Tarif, die Arbeitnehmer beziehen häufig nebenbei Arbeitslosenunterstützung und kommen damit auf ein gutes Einkommen. Bei Kontrollen im Jahr 1999 fielen 253 000 Männer und Frauen auf, die schwarz arbeiteten und 120 Millionen Mark an staatlichen »Lohnersatzleistungen« zusätzlich einstrichen.

Nach Schätzungen des Hamburger Hauptzollamtes liegt der schwarz erwirtschaftete Umsatzanteil im Taxi-Gewerbe zwischen 50 und 70 Prozent. Wolfgang Klauer, Leiter der Sonderkommission gegen illegale Beschäftigung, meint, Fahrer und Taxi-Unternehmen machten gemeinsame Sache. Die gängigsten Methoden seien, Vollarbeitsplätze als 630-Mark-Jobs anzugeben und den Arbeitslosen, die ohne Steuerkarte fahren, den ihnen zustehenden Teil des Umsatzes bar auszuzahlen. Dieses Vorgehen, so Klauer, dürfte in ganz Deutschland üblich sein.

Es schädigt aber die Gemeinschaft unmittelbar und stellt den solidarischen Wohlfahrtsstaat in Frage, der sich aus zwei Tugenden nährt: aus der sozialen Gerechtigkeit und der Solidarität. Der Begriff Solidarität bewirkt heute bei vielen eher eine Abwehrreaktion als Zustimmung. Denn wer in der ehemaligen DDR vierzig Jahre lang mit diesem Motto gezwungen wurde, ein System anzuerkennen, das eben nicht auf Solidarität, sondern auf Zwang aufgebaut war, der schließt, wenn er dieses Wort hört, sofort die Ohren. Solidarität mit der Arbeiterklasse, Solidarität mit der Sowjetunion, Solidarität mit Kuba …

Auch in der westlichen Hälfte der Bundesrepublik verkam Solidarität zum Schlagwort. Das ging so weit, daß Funktionäre der Gewerkschaft (in heimlicher »Solidarität« mit den Arbeitgebern) die Aufhebung der Ladenschlußzeiten mit dem Druck der Solidarität jahrelang verhinderten. Arbeiter dürfen nicht tun, was die Gewerkschaft nicht will, weil das offenbar die Solidarität sprengen würde. Statt Solidarität wird inzwischen dort, wo es angebracht ist, zunehmend von Solidargemeinschaft gesprochen, um das entleerte Wort Solidarität durch einen Begriff neuen Inhalts zu ersetzen, was auch bitter notwendig ist, es sei denn, man reinigte das Wort von dem belastenden Beiwerk.

Dabei spielt die Tugend mit dem Namen Solidarität erst seit knapp hundertfünfzig Jahren eine prägende Rolle. Über die Jahrhunderte, über die Jahrtausende gar hat sich dieser ethische Wert immer wieder gewandelt, den veränderten Situationen in den sich wandelnden Gesellschaften angepaßt und ist in ein neues Wort übergegangen. Aristoteles sprach einst vom Wohlwollen: Diese Tugend meint die Einstellung gegenüber dem Mitmenschen, aus der heraus das Gute getan wird – für den anderen um des Guten willen. Aristoteles beschränkte diese sittliche Handlung, bei der nicht nach dem Maß der Zuwendung gefragt wird, auf den Bereich der Freunde. Für einen Wohltäter ist »seine Handlung schön, und so freut er sich an dem, woran seine Handlung ist«[5].

Die Tugend, die den Menschen veranlaßt, aus Uneigennützigkeit zu helfen (selbst wenn er sich durch die Tat besser fühlt), erhielt viele Bezeichnungen. Güte, Großherzigkeit, Barmherzigkeit, Caritas wurde sie genannt, und stets bestand zwischen dem Gebenden und dem Empfangenden eine Beziehung, die zwar in den Bereich des

Altruismus, der Selbstlosigkeit, gehört, wo der Barmherzige seine eigenen Interessen zugunsten des Empfangenden zurückstellt. Aber dennoch meinen viele Ethiker, ein gewisses Selbstinteresse – und sei es das der Zufriedenheit – sei wohl nicht zu verleugnen. Die moralische Pflicht, wohltätig zu sein, endet, wenn der Empfangende gegenüber dem Großherzigen boshaft ist, ihn beleidigt oder gar in seinen Rechten verletzt.

Die Französische Revolution hob die drei Werte »Freiheit, Gleichheit, Brüderlichkeit« hervor, von denen sicherlich die beiden ersten stärkeres Gewicht erhielten als der dritte. Die Brüderlichkeit ist die Weiterentwicklung des Wohlwollens. Doch mit ihr fordert die Ethik nicht mehr vom einzelnen die Hilfe für den Schwachen, sondern das Einstehen aller für ihre eigene Gruppe, Gemeinschaft oder Gesellschaft. Nichts anderes bedeutet Solidarität. Diese Idee hat sich bewährt und in manchen Gesellschaften dazu geführt, daß nur wenige in der Not keine Hilfe erhalten. Die Sozialversicherung basiert auf dem Gedanken, daß alle in eine gemeinschaftliche Kasse zahlen, die einem hilft, wenn es notwendig ist. Die Solidarität geht von einer Gemeinschaft aus.

Dies ist gut, so lange der einzelne ein Gefühl, eine Beziehung zu dieser Gemeinschaft hat. Die Individualisierung der Gesellschaft hat dieses Gefühl jedoch abklingen lassen. Der einzelne meint heute, er zahle an den anonymen Staat für Leistungen, die ihm zustehen. Da sich aber zwischen Bürger und Staat eine große Kluft aufgetan hat, bekommt das zahlende Individuum das Gefühl, sein Geld sei weg, und er müsse zusehen, wie er mindestens das, was er eingezahlt hat, auch wieder herausbekommen könne. Das aber widerspricht dem Sinn der Solidarität.

Das Verständnis für die Gemeinschaft ist geschwunden und damit auch das für Solidarität. Weil die Deutschen immer noch nicht gelernt haben, was eine Bürgergesellschaft ist, sind sie der Ansicht, sie lebten in einer Staatsgesellschaft, die über der Gemeinschaft des ohnmächtigen Bürgers steht. Und Politiker haben – um Wahlen zu gewinnen – den Bürgern immer wieder versprochen, ihnen alle lästige Verantwortung für ihr Leben abzunehmen. Damit ist eine vertikale Abhängigkeitsstruktur entstanden, die horizontale ist weitgehend abgestorben.

Vertikal, also unten stehend, sieht sich der einzelne die Wohltaten von oben, vom Staat, beziehen. Horizontal war man auf die Hilfe der sich auf gleicher Ebene befindenden Nächsten, der Familie, der Freunde, der Nachbarn, der Dorfgemeinschaft angewiesen. Doch horizontale Solidarität ist zwar menschennah, aber nicht so sicher, weil sie auf Freiwilligkeit beruht. Dagegen ist die vertikale Solidarität anonym, aber sicher, da sie auf staatlichem Recht basiert. Wenn der Staat jedoch das Leben des Bürgers vollends versichert, dann verliert die Gemeinschaft einen wesentlichen Teil ihres Sinns.

Die Notwendigkeit, Verantwortung zu tragen, nimmt der Staat ab, womit das Individuum sich immer mehr aus der Gemeinschaft entfernen kann und darf, denn es benötigt die (häufig als lästig empfundenen) sozialen Abhängigkeiten, wie man inzwischen die Beziehung von Familienmitgliedern untereinander nennt, nicht mehr. Kinder brauchen die Eltern im Alter nicht mehr zu versorgen. Kinder, die in Not geraten sind, werden vom Staat und nicht von der Familie aufgefangen: Soziale Einrichtungen, so wird politisch mit dem Wert Freiheit argumentiert, mache sie unabhängig von familiären Zwängen, die unzumutbar seien.

Damit hoffen Politiker die überzeugten Individualisten zu befriedigen, doch sie zerstören so das Gemeinschaftsgefühl, weil jegliches Eigeninteresse verdrängt wird, und sei es auch nur das befriedigende Gefühl zu helfen. Die staatliche Solidarität verliert an moralischer Anerkennung, da der einzelne nicht mehr das Gefühl hat, sein Sozialbeitrag erreiche auch wirklich diejenigen, die Solidarität benötigen. Tatsächlich ist der Sozialhaushalt inzwischen vielfach zu einer der Haushaltstitel verkommen, aus dem sich bedient, wer seine Begehrlichkeit befriedigen will und keine Verantwortung gegenüber der Gemeinschaft verspürt. Und so werden Milliarden Euro an Steuergeldern aus der staatlichen Solidarkasse nicht zuletzt an Betrüger gezahlt.

Eine der staatlichen Solidarmaßnahmen heißt Arbeitsbeschaffungsmaßnahme, abgekürzt ABM. Natürlich ist es sinnvoll, Arbeitslose wieder an das Arbeitsleben heranzuführen, doch ein großer Teil der ABM dient den jeweiligen Regierungen in erster Linie dazu, die Arbeitslosenzahlen besonders zu Wahlzeiten zu senken. Denn in ABM untergebrachte Arbeitslose zählen als Arbeitende. Besonders in den ostdeutschen Bundesländern wurden Milliarden von Euro für sinnlose ABM als Tarnung von Arbeitslosigkeit verschwendet. Seit der Wende im Jahr 1990 sind mehr als 5,5 Millionen Menschen mit ABM im Osten gefördert worden. Die Gelder kommen aus verschiedenen Töpfen, vom Arbeitsamt, den Kommunen, Ländern, vom Bund und aus der Europäischen Union. Bald hundert Milliarden Euro wurden dort ausgegeben, und viele Millionen davon flossen in die Taschen von begehrlichen Betrügern.

»Der zweite Arbeitsmarkt ist ein Selbstbedienungsladen für ABM-Firmen, die Einladung zum Tanz«, so zitiert *Der Stern* in einer Reportage über ABM-Betrug den Oberstaatsanwalt Wolfram Klein, in Magdeburg zuständig für Wirtschaftskriminalität.[6] Klein kennt ungezählte Fälle von Bereicherung. Häufig arbeiten Lokalpolitiker und Unternehmer zusammen. Sie schaffen ein Geflecht aus Unternehmen und Subunternehmen, die sich gegenseitig Rechnungen ausstellen, die das Arbeitsamt begleicht. Denn die Beamten schauen sich die Unterlagen nur ungenau an. Selbst für ein Projekt, bei dem es um 50 Millionen ging, reichte eine einzige, handgeschriebene Seite Papier als »formal richtiger Antrag«.

Im sachsen-anhaltischen Wolmirstedt ermittelt die Staatsanwaltschaft gegen den Landrat Thomas Webel. Er und Bodo Karcher aus Niedersachsen gründeten Anfang der 90er Jahre einen ABM-Verein. Karcher stellte seinem Kompagnon 48 Scheinrechnungen aus, die Webel als Landrat beglich. Allein dadurch wurde das Arbeitsamt um eine halbe Million Mark geprellt. Doch Karcher machte einen Umsatz von 50 Millionen Mark, von denen einige Millionen fehlen, und ist inzwischen untergetaucht. Karcher hatte mehrere Firmen, die er miteinander verflocht. So erhielt seine Baufirma mit Schmiergeldern einen Auftrag beim Bau des Finanzamtes in Magdeburg. Die Leute, die bei seinem ABM-Verein untergebracht waren, fuhr er morgens mit einem Bus nach Magdeburg, unterwegs wurde allerdings die Kennzeichnung des Busses als Gefährt des ABM-Vereins geändert: Es wurden Schilder mit der Bezeichnung der Baufirma Karcher darübergeklebt. So konnte Karcher doppelt kassieren. In Wolmirstedt sprach sich das zwielichtige Geschäft bald herum, nur das zuständige Arbeitsamt erfuhr anscheinend nichts. Erst als die Zahlung von Schmiergeld die Staatsanwaltschaft aufmerksam machte, kam auch der ABM-Betrug ans Licht. Und so wie Karcher Geld aus dem Solidartopf zog, so machen es viele.

In Stendal ermittelt der Staatsanwalt gegen die ABM-Firma, weil der Geschäftsführer in 72 Fällen ABM-Leute in seinen privaten Unternehmen eingesetzt hat, in Wernigerode soll sich der Schaden auf 1,8 Millionen Mark belaufen. Dem Geschäftsführer des Leipziger »Betriebs für Beschäftigung«, der mit sechstausend Beschäftigten einer der größten Arbeitgeber Sachsens ist, wird vorgeworfen, einem Vertragspartner überteuerte Rechnungen bezahlt zu haben. Im Gegengeschäft baute der für 800 000 Mark am Privathaus des ABM-Geschäftsführers. Sie alle handeln aus Begehrlichkeit, und kein Unrechtsbewußtsein plagt sie.

»Es gibt kein Recht auf Faulheit in unserer Gesellschaft«, erklärte Bundeskanzler Gerhard Schröder im April 2001 und fügte hinzu: »Wer arbeitsfähig ist, aber einen zumutbaren Job ablehnt, dem kann die Unterstützung gekürzt werden.« Damit traf Schröder den Nerv der

Gesellschaft, aber er spaltete sie gleichzeitig in zwei Lager: Die einen pflichteten ihm bei, die anderen lehnten seine Forderung aus populistischen Gründen ab. Denn sie fürchten um ihre Macht und Pfründen. Das solidarische Wohlfahrtswesen gehört zur Ausrüstung moderner Demokratien, doch dabei ist »eine gefährliche Verschiebung der Balance zwischen Bürger und Machtkartellen eingetreten«, schreibt Professor Manfred Lahnstein, ehemals Bundesfinanzminister unter Helmut Schmidt: »Das Argument des wirklichen Schutzes der Schwachen und Besitzlosen ist dabei immer mehr in den Hintergrund gerückt. Statt dessen machen heute Begriffe wie ›Vollkasko-Mentalität‹ die Runde.«[7] In den mehr als fünfzig Jahren Bundesrepublik ist der Sozialbereich zum wichtigsten Haushaltstitel angewachsen, alle Ausgaben der öffentlichen Hand und der Versicherungsträger für soziale Sicherung machen inzwischen mehr als 35 Prozent des Staatsbudgets aus. Dadurch kommen Hunderte von Milliarden Euro jährlich zusammen, die verwaltet – und dann erst verteilt werden müssen. Und um solch eine große Menge Geldes zu handhaben, wachsen ungeheure Bürokratien empor.

Niemand, so bietet Professor Manfred Lahnstein eine Wette an, habe in Deutschland einen exakten Überblick über all die Einrichtungen, die sich des sozialen Wohls der Bevölkerung »annehmen«. Die Vertreter dieser Institutionen haben ein Eigeninteresse daran, ihre »Kunden« zu verteidigen. Denn als indirekte Folge einer genauen Aufklärung über alle sozialen Einrichtungen befürchten sie eine Abnahme ihrer Budgets und damit ein Verlust von Macht.

Wenn eine so wichtige Person wie der Bundeskanzler das Anspruchsdenken kritisiert, dann droht unmittelbare Gefahr. Nun kann man Gerhard Schröder, der aus besonders einfachen Verhältnissen stammt, nicht vorwerfen, er wolle den Sozialstaat ungerecht und unsolidarisch abbauen. Ihm ging es darum, an die Grundzüge der Solidarität zu erinnern, wonach Hilfe nur erhalten soll, wer sie benötigt. Dennoch haben Parteien und öffentliche Meinung ihn nicht unterstützt. Denn dieser Bereich der Gesellschaft gilt als Tabu. Selbst konservative Parteien haben nie gewagt, korrigierend einzugreifen, da sich heute Wahlen in der Massendemokratie nicht mehr gegen die Empfänger sozialer Leistungen gewinnen lassen. Vom Sozialstaat profitieren schließlich inzwischen nicht nur die Bedürftigen, sondern die sozialen Leistungen erreichen auch die Mittelschichten – und werden dort begehrlich erwartet. Wahlen, das haben alle Parteizentralen längst verinnerlicht, können aber nur noch durch die Wechselwähler in der breiten Mitte gewonnen werden. So erstaunt es auch nicht, daß in der Bundesrepublik

Deutschland keine Institution je genaue Zahlen über den Sozialmißbrauch zusammengetragen hat, geschweige denn dieses Phänomen überhaupt untersucht wurde.

In keiner großen deutschen Tageszeitung wurde Schröders Aufruf gegen die Faulheit ausschließlich sachlich behandelt. Dagegen brachte die *International Herald Tribune,* frei von politischen Emotionen gegen den sozialdemokratischen Kanzler und auch frei von Sozialtabus, auf ihrer Titelseite die Geschichte groß, verbunden mit einer Landkarte Deutschlands, auf der für die deutsche »Sozialmafia« (so »Der Spiegel« in einer Titelgeschichte) »unangenehme« Vergleichszahlen abgedruckt waren. Verglichen wurden die Zahlen der offenen Stellen und der Arbeitslosen. Hamburg: 72 021 Arbeitlose, 11 242 offene Stellen; Berlin: 274 525 Arbeitslose, 7092 offene Stellen; Frankfurt: 36 018 Arbeitslose, 12 522 offene Stellen ... Und dann fragt sich der Journalist John Schmid von der *Harald Tribune,* weshalb es bei der hohen Arbeitslosigkeit unmöglich sei, 1,5 Millionen offene Stellen nicht zu besetzen.[8]

Die Hälfte der ausgeschriebenen Jobs sind für Geringqualifizierte ausgeschrieben, könnten also ohne Problem von den meisten Arbeitslosen erledigt werden. Es fehlen in allen Branchen Arbeitnehmer, 80 000 allein im Restaurant- und Hotelgewerbe, wo man in Deutschland aus Arbeitskraftmangel fast nur noch Ausländer beschäftigt. Als Entschuldigung wird angeführt, die Sozialleistungen machten die Arbeit unattraktiv. Dahinter versteckt sich eine falsche Vorstellung von Solidarität; denn sie besteht aus Rechten und Pflichten. So urwüchsig denkt aber kaum noch jemand im Wohlfahrtsstaat.

Niemand weiß heute, wie viele Arbeitslose zu Unrecht staatliche Hilfen in Anspruch nehmen, doch hinter vorgehaltener Hand spricht man in der Nürnberger Bundesagentur, der früheren Bundesanstalt von einer großen »Grauzone«. Arbeitsvermittler schätzen, daß sich rund ein Drittel aller Arbeitslosen, also rund 1,2 Millionen Menschen, in ihrer staatlich alimentierten Beschäftigungslosigkeit eingerichtet hätten. In jedem Wirtschaftsbereich kann man die Klagen hören, die Arbeitsämter vermittelten keine Arbeitskräfte: Kaum ein deutscher Arbeitsloser ist bereit, bei der Spargel- oder Obsternte Geld zu verdienen. Das machen Zeitarbeiter aus Polen. In manchen Städten Deutschlands ist es praktisch unmöglich, Büropersonal zu finden, außer in den östlichen Bundesländern melden sich auch nur wenige deutsche Bauarbeiter auf Ausschreibungen. Selten gehen staatliche Stellen gegen den Sozialmißbrauch vor. Der Landkreis Schmalkalden/Meiningen in Thüringen beschloß, zwei Revisoren einzustellen, die innerhalb von zwei Jahren 850 Fälle von Mißbrauch allein in diesem Landkreis aufdeckten, der Gemeinschaft zwei Millionen Mark einsparten und damit bewirkten, daß die Quote der Sozialhilfeempfänger auf 8,3 pro tausend Einwohner sank, zum Teil halb soviel wie in benachbarten Kreisen, die keine Überprüfungen ausführen.

»Sozialmißbrauch ist mittlerweile Volkssport und in den letzten Jahren immer größer geworden«, erklärt Lothar Büttner, Abteilungsleiter für Gesundheit, Jugend und Soziales beim Landkreis Schmalkalden/Meiningen: »Falsch ist die Annahme, nur die unteren Bevölkerungsschichten betrügen. Sozialmißbrauch zieht sich mittlerweile durch alle Schichten. Erschreckend ist die hohe kriminelle Energie, die oft hinter den Aktionen steckt.«[9] So haben ein wohlhabender Richter und eine Juristin, die aus dem Westen in diesen Landkreis gezogen sind, den Staat über Jahre hinweg unabhängig voneinander »mit hoher krimineller Energie« betrogen, teilweise Sozialhilfe bezogen und lukrative Nebeneinkünfte verschwiegen. Büttner berichtet von Sozialhilfeempfängern, die in die Karibik in Urlaub fuhren oder mit einem teuer ausgestatteten Luxuswagen ihren Antrag einreichten. In der Regel scheuen sich Stadtverwaltungen oder andere öffentliche Stellen, Betrugsdelikte im Bereich der Sozialleistungen vor Gericht zu bringen, weil sie es politisch nicht für opportun halten. Die Stadt, so berichtet eine Bezirksamtsleiterin, befürchtet eine kritische Berichterstattung in den Medien und dadurch eine negative Einstellung der Bevölkerung gegenüber Entscheidungen und Vorgehensweisen der jeweiligen Institution.[10]

Besonders ungern wird in Deutschland über das Problem des Sozialbetrugs durch Ausländer gesprochen, denn es gilt als politisch nicht korrekt, da es als Rassismus oder Ausländerfeindlichkeit ausgelegt werden könnte. Doch es ist bekannt, so schreibt der Politikwissenschaftler Bassam Tibi, »zu viele Ausländer mißbrauchen das Asylrecht«. Obwohl Ausländer nur sieben Prozent der Bevölkerung ausmachen, betrug ihr Anteil an den Sozialhilfeempfängern schon 1998 23,3 Prozent mit steigender Tendenz. Während manch ein deutscher Bedürftiger sich schämt, zum Sozialamt zu gehen, kennen viele Ausländer alle Schliche und Wege. Vom Geld des Sozialamtes leben sie nicht schlecht, der Verdienst auf dem schwarzen Arbeitsmarkt dient als Investition in der Heimat. »Für integrierte Ausländer ist das ein Ärgernis«, meint Professor Tibi, »weil der Anstieg der Sozialhilfeempfänger unter den Zuwanderern die Fremdenfeindlichkeit intensiviert. Die integrierten und erwerbstätigen Ausländer, die dieses Land mit aufgebaut haben, mögen nicht mit diesen in einen Topf geworfen werden.«[11]

Nur wenn die geordneten Bahnen eingehalten werden, dann scheinen Behörden und Politik sozial zu handeln. Wenn aber tatsächliche Bedürfnisse entstehen, die ein flexibles Verhalten fordern, geschieht oft nichts. Behördliches Verhalten wirkt in manchen Fällen für den normalen Bürger als völlig unverständlich und ärgerlich. So werden junge Leute, die sich um Asyl bewerben, beim Drogenhandel von der Polizei festgenommen, aber sofort wieder auf freien Fuß gesetzt. Dagegen werden Frauen, die aus Osteuropa nach Deutschland vermittelt werden, um alte Menschen zu pflegen, sofort wieder ausgewiesen. Aber auf dem deutschen Arbeitsmarkt sind Pflege- oder Haushaltskräfte entweder nicht zu bekommen oder aber zu horrenden Preisen. Dennoch geht der Staat auf die Bedürfnisse nicht ein.

»Es besteht aus unserer Kenntnis kein Bedarf«, erklärte Reiner Schlatt vom Bundesarbeitsministerium, »zusätzliche Arbeitskräfte aus dem Ausland anzuwerben.« Ganz anders aber Jürgen Lilischkies vom Paritätischen Wohlfahrtsverband: »Es gibt keine deutschen oder ausreichend deutsche Hilfskräfte, die in diesem Bereich für die Bedingungen, die die ambulanten Dienste ermöglichen können, für einen Arbeitnehmer arbeiten würden.«[12] Sozialpolitik in Deutschland muß neu organisiert werden. Und dazu ist es sinnvoll, sich wieder an die Quellen von Gerechtigkeit und Solidarität als ethische Werte zu begeben.

Solidarität bedeutet, daß die großen Lebensrisiken der Menschen abgesichert werden, seien es Krankheit und Alter, Erwerbsunfähig- oder Arbeitslosigkeit. Doch nur der wirklich Bedürftige hat Anspruch auf Hilfe, aber auch die Pflicht, wenn er von der Gesellschaft etwas erhält, ihr etwas zurückzugeben. Zunächst hat jedoch jeder Bürger Verantwortung für sich selbst zu übernehmen, um nicht in Not zu geraten. Tut er es, dann muß er alles tun, um aus dieser Notlage wieder herauszufinden. Und die Gerechtigkeit will es, daß der Staat alles tut, um Armut zu verhindern und den Menschen zu helfen, fähig zu werden, in dieser Welt zu überleben. Das bedeutet in erster Linie, höchstmögliche Ausbildungsstandards für alle zu ermöglichen. Denn ohne hinreichende Bildung kann niemand in den modernen Demokratien überleben.[13]

Lieber fünf Prozent Inflation als fünf Prozent Arbeitslosigkeit hat Helmut Schmidt einmal gesagt. Das war, bevor er Kanzler wurde, und heute wird er sicherlich nicht gern an diesen Satz erinnert. Wirtschaftspolitisch mag der Satz tatsächlich unklug sein. Aber er sagt aus, was vor dreißig Jahren der größere Wert war: nicht der Wert des Geldes, sondern das Recht auf einen Arbeitsplatz, mit dem für jeden Menschen auch das Gefühl der Vollwertigkeit verbunden ist. Viele Arbeitslose leiden unter dem Verlust ihrer Position und verfallen sogar in Depressionen, weil sie keine Zukunft für ihr Leben mehr sehen. Aber in der Gesellschaft verharren alle – auch die Gewerkschaften – so sehr auf ihren Positionen der Begehrlichkeit, daß niemand bereit ist, die entscheidenden Veränderungen vorzunehmen, die vielen Arbeitslosen aus ihrer Not helfen würden. Als das Autounternehmen VW fünftausend Arbeitsplätze für Arbeitslose schaffen wollte und jedem fünftausend Mark Lohn anbot, meldeten sich zehntausend Menschen, doch die IG Metall hat das Projekt zunächst abgelehnt mit der Begründung, die Besitzstände müßten gewahrt werden, nämlich die Flächentarife. Es war schwierig, bei dieser Haltung einen Kompromiß zu erzielen. Die Gewerkschaften empfinden die Arbeitslosigkeit inzwischen eher als eine Bedrohung. Aber in einer Gesellschaft, in der Arbeitslose keine Stimme und keinen Schutz mehr erhalten, sind Gerechtigkeit und Solidarität als ethische Werte nur noch wenig wert.

Im letzten Jahrhundert wurde die Solidarität gegenüber dem Liberalismus erkämpft, doch seitdem die Solidarität in den letzten vier, fünf Jahrzehnten zu einer Sache des Sozialstaates geworden ist, hat sie ihre ethische Ausstrahlung verloren. Schon lange wird das, was staatlich geregelte Solidarität ist, von dem einzelnen Mitglied nicht mehr als reine Brüderlichkeit wahrgenommen, sondern nur noch als ein kostenloses Anrecht. Daß dieser egoistische Eindruck entstanden ist, daran haben die Politiker einen wesentlichen Anteil. In den Wahlkämpfen der letzten Jahrzehnte weckten fast alle Parteien Ansprüche und Erwartungshaltungen, die die Grenzen dessen, was die Gesellschaft leisten kann, bei weitem übersteigen. Die Politiker boten ihren Wählern eine Generalkompetenz in Fragen menschlicher Daseinsvorsorge an. Und die griffen beherzt zu, denn so konnte jeder die Zuständigkeit für die Sicherung seiner eigenen Existenz an den Sozialstaat abgeben. Da scheint es für die Politiker immer noch keine Grenzen oder neue Einsichten zu geben.

Die Pflegeversicherung verstärkt dieses erleichternde Gefühl, von der Wiege bis zur Bahre versorgt zu sein, noch weiter. Damit fühlt sich der Bürger von einer Last erlöst, denn von nun an ist er immer weniger verpflichtet, Verantwortung für sich selbst und seine Angehörigen zu übernehmen. Und dies tut er um so lieber, als er seine Lage als einzelner in der harten Wirklichkeit des Wirtschaftslebens als schwach einschätzt, während der scheinbar übermächtige Staat den Eindruck vermittelt, er verfüge über ein unerschöpfliches Leistungsvermögen. Eingelullt von Wahlversprechen, die der Wähler in diesem Fall gern ernst nimmt, erwartet er vom Staat immer mehr, als er für sich allein leisten kann. Die Erwartungshaltung uferte mit zunehmendem Wohlstand um so mehr aus, desto mehr der Bürger glaubte, sich auf die Leistungskraft, die Verteilungsgerechtigkeit und auf die soziale Gesinnung der Politik verlassen zu können. Grenzen des Wohlfahrtsstaates sah er während des ständigen Wachstums keine. Erst als sich herausstellte, daß diese Erwartungshaltung nicht erfüllt werden kann, setzte Enttäuschung ein. Der Glaube an die Werte begann zu wanken. Mißtrauen führte zu Verdrossenheit.

Im ursprünglichen Verständnis ist Solidarität ein Wert, bei dem jeder weiß, daß er sein Scherflein in eine Gemeinschaftskasse zahlt, aus der heraus den Bedürftigeren gegeben wird. Dieses Verständnis hat sich gegenüber dem anonym handelnden, in seiner Glaubwürdigkeit erschütterten Staat verflüchtigt. Da sich der Sozialstaat durch Steuern und Abgaben finanziert, kann der einzelne schlecht einschätzen, ob er auch eine seinem Anteil entsprechende Gegenleistung erhält. Das entspricht zwar nicht dem Sinn der Solidarität, doch aus Sorge davor, daß andere Bevölkerungsgruppen politisch begünstigt werden, entstand beim Bürger ein »Mitnahmeverhalten«, das sich ausdehnte, je mehr der Sozialstaat wuchs. Und je mehr finanzielle Solidarität der Staat vom einzelnen über Beiträge und Steuern einforderte, desto negativer wurde die Steuergerechtigkeit beurteilt.

Dies sogar zu Recht: Über die Sozialversicherung zahlen fast ausschließlich die Arbeitnehmer einen großen Teil der Kosten für die deutsche Einheit, während Selbständige und Beamte nicht belangt werden. So erhalten viele Vorruheständler in den östlichen Bundesländern ihre Unterstützung aus der Rentenversicherung, obwohl sie arbeitsfähig sind und eigentlich über allgemeine Steuergelder entlohnt werden sollten. Der Sozialstaat verbreitet nicht mehr den Eindruck, hier stehe eine Gesellschaft für alle ein, sondern »indem er individuelle Rechte und Pflichten festschreibt und von der Erwerbsbeteiligung abhängig macht«, so der Soziologe Ulrich Beck[14], erzieht er den Menschen auf eine ichbezogene Lebensweise.

Wenn also der Mensch das Gefühl hat, die Solidarität sei nicht gerecht, dann rächt er sich völlig unpolitisch, eben so, wie er es versteht. Er nimmt mit, wo immer er kann, was zu einer zunehmenden »Korrumpierung des Alltagsverhaltens« führt. Die staatlich organisierte Solidarität hat ihre Glaubwürdigkeit verloren und wird nicht mehr als ethischer Wert angesehen. Privat ist die Brüderlichkeit als Tugend trotzdem noch vorhanden. Das zeigen die Bürger immer wieder, wenn sie über die Medien aufgerufen werden, für Notleidende zu spenden. Hunderte von Millionen erhalten die großen Wohlfahrtsverbände jährlich, wobei die Deutschen im europäischen Vergleich an der Spitze der privaten Spender stehen. (Siehe die Elbflut im Osten Deutschlands, aber auch in Tschechien.)

Während in den Großstädten immer weniger Bürger bereit sind, Opfern Hilfe zu leisten, sind Dorfgemeinschaften noch intakt, schaut man noch nach der alten Nachbarin, werden die Kinder von nebenan gehütet, bleiben die Pflegefälle in der Familie. Wo man sich kennt, wird geholfen. Erst die Anonymität schafft Distanz. Das erlebt die wachsende Zahl der Obdachlosen in den großen Städten in allen reichen Ländern des Westens. Die Distanz zu ihnen wächst noch, wenn Politiker wie der ehemalige britische Premierminister John Major sich abfällig über sie äußern, statt das soziale Problem anzugehen: Bettler in den Straßen Londons seien eine Beleidigung für das Auge. Major, damals Chef der Konservativen Partei, wollte sie beseitigen, notfalls sogar einsperren, denn sie wirken abschreckend auf Touristen und beeinträchtigen die Kauflust.

Brüderlichkeit wird in den nächsten Jahren wieder verstärkt gefordert werden. Denn in dieser Zeit des beginnenden 21. Jahrhunderts, in der die Industriegesellschaft sich in eine Dienstleistungsgesellschaft wandelt und sich deshalb in einer großen Beschäftigungskrise befindet, wird neu darüber nachgedacht, wie die vorhandene Arbeit gerecht verteilt werden kann. Dies erfordert solidarisches Handeln derjenigen, die von ihrer Arbeit etwas abgeben sollen. Und wer die Solidarität als Wert schon abgeschrieben hatte, der wurde durch das Verhalten der Arbeiter bei Arbeitsverteilungen nach dem Muster von Volkswagen eines Besseren belehrt. Wo sie gerecht erscheint – und diese Gerechtigkeit glaubhaft ist –, übt sie das Individuum immer noch aus. Nur dort, wo sie von einem Staat gefordert wird, dessen Vertreter zum großen Teil ihre Glaubwürdigkeit verloren haben, gilt sie nichts.

Solidarität darf sich nicht auf eine staatliche Rechtsform beschränken. In der Gesellschaft selbst aber, inzwischen auf die ganze Welt ausgedehnt, wird Brüderlichkeit nicht nur in der Gegenwart, sondern auch für die Zukunft zur ersten Pflicht menschlichen Kollektivverhaltens.[15] Die Solidarität mit den kommenden Generationen beginnt beim bewußten Umgang mit der Natur und ihren beschränkten Schätzen bis hin zu rein wirtschaftlichem Verhalten. Denn die künftigen Konflikte dieser Erde werden nicht so sehr zwischen den unterschiedlichen Zivilisationen ausgefochten werden, wie Samuel Huntington es mit seinem »clash of civilizations« vermutet, sondern zwischen Arm und Reich.

Brüderlichkeit, die wir heute Solidarität nennen, könnte das Ideal sein, das der Gesellschaft wieder einen Sinn gibt. Solidarität muß jedoch – wie alles andere – nicht nur verstanden, sondern auch eingeübt werden. So gehört zur moralischen Erziehung das Gefühl der Zusammengehörigkeit. Immer weniger werden die heranwachsenden Generationen daraufhin erzogen. Praktisch könnte das Ideal der *Solidarität* durch ein *soziales Pflichtjahr* für Mädchen und Jungen seinen Weg in die Gesellschaft finden. In diesem sozialen Pflichtjahr würde das Individuum lernen, was der Sinn einer Gemeinschaft ist. Deshalb sollten den Jugendlichen bei der Ausübung des Pflichtjahres zur eigenen Auswahl (auch im Zeichen der Gleichberechtigung!) möglichst viele gesellschaftliche Bereiche offenstehen: neben dem reinen Sozialdienst in Pflege, Krankenhäusern, Kindergärten etc. der Umweltschutz, die Stadtpflege, die Entwicklungshilfe oder aber, wen es dorthin zieht, die Bundeswehr (falls sie nicht sinnvollerweise in ein Berufsheer umgewandelt wird, mit dem dann, wie jetzt diskutiert, das Ende des Ersatzdienstes käme). Unter den Dienstarten darf es keine Unterschiede geben (kein kürzerer Dienst für Soldaten!).

Gegen das soziale Pflichtjahr werden allerlei Argumente angeführt, von denen keines überzeugt. Da ist zunächst einmal die Behauptung, das

Grundgesetz verbiete mit Artikel XII die Heranziehung zu einer bestimmten Arbeit. Damit geht es wieder einmal um ein Tabu! Die Väter des Grundgesetzes hatten die angeblich unumstößliche Vorschrift ja nach den schlimmen Erfahrungen des Dritten Reiches beschlossen. Jeder Grundgesetzkommentator wird das soziale Pflichtjahr aber trotz des Artikels XII als erlaubt ansehen, da erstens eine Wahl angeboten werden soll und zweitens weder die Intention noch die Durchführung dem nationalsozialistischen Arbeitsdienst entsprechen.

Ein weiteres Argument lautet: Gerade der Staat dürfe solche Maßnahmen nicht beschließen. Doch dahinter steckt ein negativer Staatsbegriff. Der Staat ist nämlich nichts anderes als die Gesamtheit der Institutionen, die sich die Individuen gegeben haben, um die gemeinschaftlichen Aufgaben zu lösen. Wenn der Staat in seiner Wirklichkeit den Bürgern nicht gefällt – und viel Kritik ist diesbezüglich schon an ihm geübt worden –, dann müssen sie den Zustand dieses Staates ändern. Da wir lernen sollten, mit so wenig Staat wie möglich (aber soviel wie nötig) auszukommen, wäre es sinnvoll, bei der Ausführung des Pflichtjahres wenig Staat einzuschalten.

Es ist immerhin denkbar, daß die Verwaltung des Pflichtdienstes statt durch Staatsbehörden »öffentlich-rechtlich« geregelt wird, das heißt,

Schulen, Universitäten, Handel, Wirtschaft, Handwerk, Sozialeinrichtungen und andere Institutionen organisieren den Pflichtdienst gemeinsam. Es könnte den Gemeinschaftssinn fördern, wenn – soweit möglich – jeder sein Pflichtjahr in der nächsten Nachbarschaft, in seiner Gemeinde ausübte. So müßten Jugendliche nicht »kaserniert« werden; die Kosten wären geringer, und die Nachbarschaft würde zusammenwachsen.

Das letzte Argument heißt: Frauen seien in der Gesellschaft stets benachteiligt, sie trügen die Hauptlast bei der Erziehung, und die 1,6 Millionen pflegebedürftigen kranken oder alten Menschen in der Familie würden zu über achtzig Prozent von Frauen gepflegt. Diese Begründung zu akzeptieren hieße, die ungleiche Behandlung der Frauen festzuschreiben. Eine Frau wird vom sozialen Pflichtjahr befreit, weil sie benachteiligt ist, und sie darf weiterhin benachteiligt werden, weil sie vom sozialen Pflichtjahr befreit ist …

Die Frauen werden in Deutschland ungerechter behandelt als in den USA oder in Frankreich. Zur Brüderlichkeit gehört selbstverständlich, den Frauen nicht nur die gleichen Rechte wie den Männern zuzugestehen, sondern auch die gleiche Lebenswirklichkeit. Um die Gleichberechtigung herzustellen, muß den Frauen bei der Erziehung der Kinder jede erdenkliche Hilfe angeboten werden. In Beruf, Politik und Gesellschaft müssen den Frauen endlich gleiche Gehälter, gleiche Wahl- und Beförderungschancen eingeräumt werden, statt sie wieder in die biologische Ecke zu stellen: Weil sie weiblich sind, kümmern sie sich um Kinder und Kranke, Küche und Kirche. Eine Beteiligung der Mädchen am sozialen Pflichtjahr muß vielmehr einhergehen mit der Verwirklichung der Gleichberechtigung.

Ob das soziale Pflichtjahr mit einer Entlohnung verbunden sein soll, wäre zu diskutieren; und wenn man sich dazu entschließt, dann sollte es nur ein geringer »Ehrensold« sein. Einem Ideal Opfer zu bringen, sollte auch mit Verzicht verbunden sein. In Deutschland besteht heute schon die Möglichkeit zu einem freiwilligen sozialen Jahr. Die Erfahrungen damit sind hervorragend und ermutigend. Allerdings haben manche Freiwillige darüber geklagt, sie seien für Drecksarbeit zuständig, sie müßten putzen und Arbeiten erledigen, die ausgebildete Krankenschwestern in den Kliniken und Seniorenheimen nicht machen wollen. In diesen Klagen versteckt sich Hochmut, denn die Ansicht, man sei als Freiwilliger eigentlich besser als die Schwestern, die ja entlohnt werden, bedeutet, daß man für sich eine Sonderrolle beansprucht. Es sind aber alle gleich. Und der Tugend der Bescheidenheit oder Besonnenheit entspricht es, daß Jugendliche im Pflichtjahr lernen, die unterste Arbeit zu verrichten. Sie tun es ja für die Gemeinschaft und nicht als jemand, den die Krankenschwester mißbraucht.

Wenn Jugendliche eines Tages zu der Einsicht kommen, daß ihr Pflichtjahr ein Akt der Solidarität ist, haben sie einen großen Schritt getan. Wenn sie sogar einsähen, daß sie gar nicht anders handeln dürften, als dieses Pflichtjahr abzuleisten, wären sie nicht mehr weit von der Erkenntnis entfernt, der Pflicht freiwillig gefolgt zu sein. Dann würden sie nicht mehr nach dem Sinn des Lebens fragen, denn sie hätten ihn gefunden, und die Orientierungskrise wäre überwunden. Denen, die an diesem Vorschlag mit Fragen der »Machbarkeit« herummäkeln, entgegne ich: Wo ein Wille ist, ist auch ein Weg. Versucht nicht zu verhindern, sondern aufzubauen! Wer das aber nicht will, weil er wieder eine Klientel vertritt, der wird diese Gesellschaft weiter in die Krise treiben.

Es sollte allen bewußt sein, daß der Westen erst am Anfang einer Kulturkrise steht, noch nicht mittendrin, schon gar nicht an ihrem Ende. Das Ende wird kommen, wenn der Ehrliche es satt hat, immer wieder der Dumme zu sein. Die im ethischen Sinn Ehrlichen sind noch in großer Zahl vorhanden. Dumm sind sie auch nur aus der Sicht derer, die aus materialistischen oder egoistischen Gründen die Ethik beiseite schieben. Ziel aufgeklärter Bürger und Bürgerinnen muß es sein, diesen Trend umzudrehen, so daß der Ehrliche nicht mehr der Dumme ist.

Anmerkungen

1 Renate Köcher, Wandel des gesellschaftlichen Umfelds der Versicherungswirtschaft, Hamburg 1993, S. 43.

2 Alexander Antonoff, 2001 ist das Jahr der Kapitalvernichtung, Die Welt vom 7. August 2001.

3 Susanne Fischer, Betriebe als Opfer, eine Analyse des Anzeigenverhaltens, Dissertation am Kriminologischen Institut der Universität Köln, 2001.

4 Der Spiegel 5/2004, S. 68.

5 Aristoteles, Die Nikomachische Ethik, 2. Aufl. Zürich/München 1995, VIII und IX 5.

6 Walter Wüllenweber, Ja, wo arbeiten sie denn? Der Stern 16/2000, S. 83 ff.

7 Manfred Lahnstein, Die Feuerwehr als Brandstifter, Die unheimliche Macht der Experten in Politik und Wirtschaft, München 2000, S. 153.

8 John Schmid, Germany Tackles Abuses by Jobless, International Herald Tribune vom 7. Mai 2001.

[9] Lothar Büttner im Telefoninterview mit Matthias Deiß am 28. Juni 2001.

[10] Fischer, a. a. O., S. 65.

[11] Bassam Tibi, Einwanderung statt Zuwanderung. Zu viele Ausländer mißbrauchen das Asylrecht, Focus 38/2000, S. 102.

[12] Sozialstaat absurd – Staatsanwälte gegen Alte und ihre polnischen Helfer, Report Mainz (ARD) vom 16. Juli 2001.

[13] siehe dazu: Prof. Wolfgang Merkel, Soziale Gerechtigkeit in Deutschland, Frankfurter Allgemeine Zeitung vom 2. Januar 2001.

[14] Ulrich Beck, Vom Verschwinden der Solidarität, Süddeutsche Zeitung vom 13. Februar 1993.

[15] Hans Jonas, Das Prinzip Verantwortung, Frankfurt a. M. 1984, S. 245.

Heribert Klein über Ulrich Wickert: Ein »Fußgänger der Luft«?

Eigentlich kennt ihn doch jeder. Vom Bildschirm her, auf dem er seit Jahren abends mit berechenbarer Regelmäßigkeit erscheint und allen das erklärt, was von größtem Interesse ist: die Themen des Tages. Dinge, die geschehen sind, schöne Ereignisse, schreckliche Erlebnisse. Doch mit allem zu leiden, erkennbar Emotionen zu zeigen – das ist nicht die Eigenheit von Ulrich Wickert. »Das Echte setzt sich durch« hat er vor einigen Jahren in seinem Büchlein »Über den letzten Stand der Dinge« gesagt. Das Echte, nicht das restlos Gespielte. Der Berühmtheit steht dies natürlich nicht entgegen, denn am Ende ist die Authentizität lockend. So lockend, daß Wickert feststellte: »Alle Welt ist aus unverständlichem Grund verrückt auf berühmte Menschen.«

Dies ist seine Wahrnehmung. Denn mit ihm zusammen in einem (engen) Bistro in Hamburg zu sitzen, mit ihm zu reden über sein Leben, seinen Beruf, seine Bücher – die Folgen sind eindeutig. Kaum jemand der nebenan sitzenden Zeitgenossen spricht weiter. Zuhören ist doch viel interessanter, vor allem authentisch. Von wegen wunderbare Illusion, wie sie von Wickert vor mehr als einem Jahrzehnt ins Spiel gebracht wurde. Damals sagte er, als kritische Anmerkung zur *Tagesschau:* »Wir lehnen uns zurück, geben uns zufrieden, denn die eben vorgespielte Wirklichkeit spiegelt nicht das wider, was wir täglich erfahren.«

Das klingt entmythologisierend und dennoch so märchenhaft. Vorn der Märchenerzähler, perfekt ausgeleuchtet von lichtstarken Lampen, begleitet von rund zehn Menschen im Regiezimmer während der Sendung, die dafür sorgen, daß die wunderbare Illusion auch perfektioniert dem Zuschauer gereicht wird.

Einmal mehr »Zeichen der Zeit«, was Ulrich Wickert in diesem Buch als Titel über sein Nachdenken gesetzt hat, wenn er wieder einmal über Begriffe schreibt, deren Umfeld er in mehreren neuen Anläufen in den vergangenen Jahren gedanklich »ausgeleuchtet« hat. Als Denker, als Moralist, dessen sonore, präzis artikulierende Stimme im Gesicht mit kantigen Zügen, ergänzt durch farbenfrohe gestreifte Krawatten, unauffällige Hemden und modisch-dezente Jacketts der Leser regelrecht hören kann.

Der Mitgestalter der wunderbaren abendlichen Illusion ist den Werten, den Tugenden beharrlich treu geblieben. »Tugenden sind modern« überschreibt er einen dicken Band mit Textauszügen prominenter, teils längst nicht mehr unter uns weilenden Nach- und Vordenkern. Oder, ein Jahr vorher (1994), hält er in einem anderen »Renner«

fest: »Der Ehrliche ist der Dumme – Über den Verlust der Werte«. Oder er rät (im Jahr 2001) der Gesellschaft: »Zeit zu handeln – Den Werten einen Wert geben.« Werte über Werte, in einer Gesellschaft, die am Ende von dem profitiert hat, um dessen willen die Franzosen 1789 eine Revolution flächendeckenden Ausmaßes in Szene setzten – für das Erreichen von Freiheit, Gleichheit, Brüderlichkeit.

Werte für eine Wirklichkeit, die so meilenweit von der Realität entfernt ist, gerade bei Gesellschaftsmitgliedern, die offenbar verrückt sind auf berühmte Menschen? Wickerts Büro im Hamburger Sender wirkt nicht märchenhaft, sondern nüchtern, beinahe spröde. Gleich nebenan das Zimmer der Sekretärinnen, die auf der anderen Büro-Seite im geplanten Wechsel früher Sabine Christiansen, dann Gabi Bauer, heute Anne Will hatten und haben. Seine Größe (einssechsundneunzig) wird erst dann spürbar, wenn er sich von der Illusion entfernt und vor anderen Menschen stehend ganz natürlich auf die herabsieht, die ihm ausnahmsweise direkt begegnen. Dröhnendes, fast schon wieherndes Lachen, unbekümmertes Auftreten, ganz ohne Hektik – diesen Eindruck hinterläßt er bei anderen. Den diskreten Charme, die sanfte Ironie, aber den klaren Blick für Wirklichkeit und Illusion verbirgt Ulrich Wickert einfach nicht.

Da nimmt man ihm schon ab, wenn er ein Macbeth-Zitat (5. Akt, 5. Szene) ausgerechnet von Eugène Ionesco verbreitet, einem Dramatiker, dem er schon als früherer Korrespondent in Paris freundschaftlich verbunden war. So einfach ist die Welt. Denn die Welt, das Leben seien (aus Ionescos Sicht) ein Märchen, eine Geschichte, von einem Idioten erzählt, voller Lärm und Sinnlosigkeit. Absurdes Leben mitten in der wunderbaren Illusion?

So weit geht Wickert natürlich nicht. Wenn er zwölf Stunden im öffentlich-rechtlichen Sender hart arbeiten müßte, nur um die Absurdität überzeugend abends um 22.30 Uhr zu präsentieren, sähe er den ganzen Aufwand fehl investiert. Mittlerweile einundsechzig Jahre alt, zurückblickend auf Änderungen in seinem Privatleben, würde der Diplomatensohn (in Tokio 1942 geboren) wohl nichts und niemanden mehr trauen. Er setzt noch immer auf Seriosität und Solidität. Und wenn es am Ende vor allem der Zuschauer glauben wird: Es genügt, um ihm weiterhin den Platz anzubieten, von dem viele träumen und der ganz wenigen vorbehalten ist – im Licht, als Moderator für Millionen Zuschauer.

Dialektik, wo auch immer man hinschaut. Themen des Tages werden zu *Tagesthemen* gemacht, sie werden perfekt präsentiert, ohne daß einer von außen sehen kann, was beispielsweise während der Sendung schief läuft. Wenn dies oder das (optisch) fehlt, wenn manches durcheinander gerät (vor allem abends beim Chef vom Dienst, der den Ablauf der Sendung präzis steuern will), wenn hinter den Kulissen die nachfolgende kurze kritische Runde unter den Beteiligten manches ans Tageslicht bringt, was nicht ganz perfekt war. Wickert wird, wie in den Redaktionskonferenzen, zum Kollegen neben allen anderen, die mindestens einen Tag lang für dreißig Minuten Fernsehsendung arbeiten. Der »Frontmann« wird eben nicht zum Zampano, der die Fäuste hebt und alle, die nicht zu sehen sind, in Grund und Boden stampft. Bis heute versteht sich Wickert als Mann für die Nachrichten, die er ohne den Hauch von Übertreibung und falschem Pathos einleiten und damit vorab in Teilen zumindest erklären will. Denn die journalistische Profession, bewußt gemischt aus Information und verhaltener Unterhaltung, gehört wesentlich noch immer zu seinem Stil. Das Publikum wird ausgespart während der Sendung, drei Personen gleichzeitig im Studio genügen, um die *Tagesthemen* aufzubereiten, normalerweise mit Texten, die der Moderator vom Teleprompter abliest, in einer von der Temperatur her angenehmen, keinesfalls zu heißen Atmosphäre.

Eine ideale Welt für Egozentriker! Die richtige Umgebung, um Egozentriker zu werden und es ungestört zu bleiben! Gedacht für Menschen vor der Kamera, die vor allem auf sich selbst bezogen sind, deren Äußeres aber Millionen Zuschauer kennen. Wäre dies so, müßte Wickert die Egozentrik geradezu lieben. Doch bei Lichte besehen, liebt er genau das Gegenteil. Nur dieses erklärt seinen Einfall, einem seiner Bücher das Motto (vom Philosophen Kant) als kategorischen Imperativ vorangestellt zu haben: »Handle so, daß die Maxime deines Willens jederzeit zugleich als Prinzip einer allgemeinen Gesetzgebung gelten könne«.

Wickert hat es dennoch so getan, in seinem dicken Band über die Tugenden, ausdrücklich als Wertkonservativer und Wert-Bewahrer, der er in seiner Vergangenheit strenggenommen immer war. Gewiß, bei allem Streben nach Wert-Bewahrung war sein Leben nie ohne Bewegung. Nach dem Krieg kam die Familie aus Japan zurück nach Deutschland. Sohn Ulrich ging in Heidelberg und Paris zur Schule, lernte die Welt und Sprachen kennen, studierte in Amerika, in Bonn. Hier beendete er im (aus heutiger Sicht) symbolischen Jahr 1968 die Fächer Jurisprudenz, politische Wissenschaften und Soziologie, kurioserweise mit dem Vorsatz, den er dem Prüfungsamt damals übermittelte: »Hiermit beende ich meine juristische Karriere.

Statt dessen? Beiträge für die *Frankfurter Hefte,* Features für den Hessischen Rundfunk, den Westdeutschen Rundfunk, zumal als freier Mitarbeiter damals bei Casdorffs Magazin *Monitor.* Ein Kind seiner damaligen Zeit: nonkonformistisch, gesellschaftskritisch, investigativ. Die kapitalistische BRD setzte er mit der sozialistischen DDR gleich, die Form der Herrschaftsausübung sei divergent, am Ende »im Ergebnis finden sie sich wieder«. Denn eines war für Wickert sehr deutlich: »Der Staat entmachtet seine Bürger.«

Gerade zu diesem Satz steht Wickert auch heute noch, vielleicht noch fester als früher. Denn mehr als den meisten anderen ist ihm das Spektrum vertraut von Personen, die Moral, Werte, Tugenden, Politik und Macht miteinander in Beziehung setzen. Natürlich gehören Politik und Politiker noch immer zu seinem Alltag, insbesondere, wenn er sie im Fernsehen öffentlich interviewen muß: »Diejenigen, die sich meist als Wertkonservative bezeichnen – ich meine damit besonders Politiker –, wollen nur die eigene Macht konservieren, aber die Macht ist kein Wert.« Wo er selbst dementsprechend weniger bis gar nicht in machtkategorischen, sehr viel mehr in journalistischen Kategorien denkt. Dahinter steckt Arbeit, Feinarbeit. Was er abends vorzutragen hat, ist keine Summe von langwierigen und langweiligen Sentenzen, viele Seiten stark und ohne Inhalt. Von Beginn an rückte und rückt er in seiner Moderatorentätigkeit in eine kreative Sphäre, wo er so manche Felder und Ränder neben- und übereinander legen muß. Wird er in dem Sinn zum Journalisten, wie es einst Karl

Kraus definiert hat? »Keinen Gedanken haben und ihn ausdrücken können – das macht den Journalisten.«

Nein, diese Definition würde Wickert partout verneinen. Er würde auch nie, im Sinne von Kraus, sich als »perfekten Feuilletonisten« bezeichnen, der es obendrein noch auf Unsterblichkeit abgesehen hätte. Schön und gut, die originelle Wortbildung »Auslagenarrangeur«, das läge der Wahrheit schon näher. Denn der Fernsehmoderator, der in der Nachrichtensendung von einem Filmbericht zum anderen schreitet, garniert mit ganz unterschiedlichen journalistischen Genres – er arrangiert für die Bildschirmbetrachter die Auslage, die Tag für Tag neu gestaltet wird.

Vorbei sind die Zeiten, daß er wie vor Jahren als Korrespondent in Washington, New York und Paris Gegenstände für die Auslage lieferte, Drei-Minuten-Beiträge mit teils hoch originellen Inhalten, für deren Herstellung ihm zur Not ein ganzes Jahr zur Verfügung stand. Allein dies ließ die Richtung erkennen, der er sich immer stärker zuwandte: Nicht Tages-Verkäufer zu sein, der nach vorgetragener Arbeit kurz vor Mitternacht alles abschaltet. Noch immer besteht ein Teil seiner Kreativität darin, den Zuschauern stets ein (leichtes, oft für wenige hörbares) Stück Kultur vorzutragen. »Ich versuche, mich bei meinen Moderationen an das zu erinnern, was die zivilisatorische Gemeinsamkeit ist, das zivilisatorische Gedächtnis der Leute.« Wird dann, wie während der Weltausstellung in Hannover geschehen, Faust vom Anfang zum Ende gespielt, stundenlang, ohne Verkürzung – solches hat Wickert geradezu gereizt, in seiner Moderation während eines Abends in der Art des roten Fadens Faust-Zitate einzubauen. Viele haben es nicht gemerkt, aber die wenigen, die ihm diese Beobachtung mitteilten, genügten ihm vollends für mühsame Arbeit mit der lyrischen Feinschere, umrahmt und durchdrungen von nachrichtlichen Mitteilungen.

Er sagt dies auch gar nicht mit Arroganz oder elitärem Grundton. In diesem Fall trifft der Aphorismus von Karl Kraus ohne jede Einschränkung auf ihn ganz und gar nicht zu: »Größenwahn ist es nicht, daß man sich für mehr hält als man ist, sondern für das, was man ist.« Er weiß sehr genau, wer er ist, wer er nicht ist, was er kann, besser als die meisten anderen. Er muß auch gar nicht durch die Welt laufen und jedem erklären, daß er »Anchorman« ist, dem keiner das Wasser reichen kann. Alle Welt kennt ihn in seiner Art des Moderierens. Jeder hat längst gespürt, daß er eben nicht wie der Transzendentalphilosoph mit Fremdwörtern und Abstrakta um sich wirft. Am liebsten verzichtet er auf Fremdwörter. Er will, wenn man seinen Stil einordnen müßte, wie der französische Historiker Fernand Braudel vor Zeiten den Alltag durchaus in den Bereich der Vergangenheit einordnen und konsequent auf realitätsferne Theorienpflege verzichten. Mit einem Grund, wie es Braudel in seiner monumentalen Sozialgeschichte schrieb: »Der Alltag ist gleichbedeutend mit winzigen Fakten, die räumlich und zeitlich kaum ins Gewicht fallen. Je enger der Blickwinkel, desto besser die Aussicht, in den eigentlichen Bereich des materiellen Lebens vorzustoßen.« Was anderes sind die *Tagesthemen?* Was stellen sie dar, wenn nicht die Wirklichkeit, gewiß aus der Sicht einzelner Beobachter und Kommentatoren?

Auch diesem Prinzip ist er versuchsweise durch Jahre als *Tagesthemen*-Aufbereiter treu geblieben: originär, originell, nicht austauschbar, untermalt von Scherz und Ironie neben der Wiedergabe von Fakten. Stilistisch hat er sich auf diesem Weg immer weiter entwickelt, erkennbar besonders in all seinen Buchveröffentlichungen. Erst vor wenigen Monaten veröffentlichte er (erstmalig) einen Kriminalroman. Einen solchen, wo Tod und Leben, Zuneigung und Verabscheuung, Intrigen, Korruption, Verrat und Mord vorkommen – hinein geschnitzt in einen Fall, der in Frankreich selbst und in zu Frankreich gehörenden, aber weit entfernten Gebieten spielt, mit vielen Personen und sehr klarer Vergangenheit während französischer Kriegszeiten. Doch »Der Richter aus Paris« wird untertitelt mit der Bemerkung »Eine fast wahre Geschichte«. Fast, aber eben nur fast, mitten in all den Vorgängen, in denen sich Wickert einmal mehr als Experte für ein Land und dessen komplexe Vergangenheit zeigt: Frankreich.

Er hält unverdrossen zu diesem Nachbarland, das längst sein Herz eingenommen hat. Schon die Liste der Buchtitel zeigt die Emotion, die ihn mit Frankreich verbindet, mit Land und Leuten, mit der Bourgeoisie, den bürgerlichen Familien, über die er vor Jahren zeitaufwendig Filme drehte. »Frankreich, die wunderbare Illusion«; »Und Gott schuf Paris«; »Vom Glück, Franzose zu sein« – Bücher mit pfundschweren Informationen und Gedanken, die nicht investigativ wirken, sondern erst einmal mit dem diskreten Charme der Bürger hantieren, auf vorbildhafte Weise. Es ist lange her, daß ein anderer großer Frankreich-Kenner ihn deswegen geradezu mit einem großen Orden symbolisch ausgezeichnet hat. Denn der Journalist und Schriftsteller Karl Korn schrieb Wickerts Film über die Bourgeoisie in Tours sensationelle Qualitäten zu, in der Fähigkeit, »in die familiäre Sphäre bürgerlicher Franzosen zu gelangen und Szenen aus dem familiären Bereich so dezent und wirklich zu filmen, daß kaum einmal ein Ton für die Kamera gesprochen wurde.«

Es war kein Zufall, keine gelungene Technik. Wickert hat seine Haltung, andere Menschen näher zu befragen über ihr Leben, ihre Emotionen, aber auch über Strategien und logisch klingende Zielsetzungen nicht geändert. Daß ihn als *Tagesthemen*-Moderator prominente Politiker in dieser Hinsicht mehr und mehr interessierten – wer würde sich darüber wundern?

Viele waren mit ihm im Gespräch, vor der Kamera, später gedruckt: Hans-Dietrich Genscher, Helmut Schmidt, Gerhard Schröder, Wolfgang Thierse, Richard von Weizsäcker. Er wollte sie nicht vorführen, hemmungslos, schonungslos. In einem Punkt stellt er sich noch immer auf eine Stufe mit Politikern, deren Problem er schon vor langer Zeit so umschrieb: »Wer in der Politik, aber nicht nur dort, Höhen und Tiefen durchlebt, sollte an das chinesische Sprichwort erinnert werden: Der Mensch muß den Ruhm fürchten wie das Schwein das Dickwerden.«

Wenn aber der Ruhm eingetreten ist? Dann weiß auch Wickert professionell längst damit umzugehen. Ob er sich von seiner ersten Frau nach immerhin vierundzwanzig Jahren trennte oder in der Zeit danach noch einmal so reagierte, er ist unverdrossen davon überzeugt, daß er als Fernseh-Mann seine Privatsphäre schützen darf und sogar muß, zumal in einer Gesellschaft, in der viele dem römischen Prinzip nachhängen von »panem et circenses«, Brot und Spiele. Prominente und Klatsch: Viele möchten hinter die Kulissen derer schauen, die vor der Kulisse Tag für Tag zu sehen sind. Wickerts Folgerung ist nur konsequent: »Die Sitten sind bei uns schon sehr verroht. Die menschliche Würde aber ist Grundlage jeder Ethik. Doch wo fängt diese Würde an, wo hört sie auf, gerade im Journalismus?«

Er selbst hat längst für sich Antworten gegeben, denn er rettet sich ein Stück weit in die Illusion, in das Schreiben von Büchern, neuerdings in das Erfinden von Personen, die sein könnten und die es doch nicht gibt. Wenn er aber, wie in seinem Roman, als Kenner subtiler (französischer) Verhaltensweisen aufscheint, steht er einmal mehr zu den Grundsätzen der Menschenwürde als Grundlage jeder Ethik. Nur demonstriert er sie nicht an lebenden oder gewesenen Menschen und Individuen, sondern – um den künstlerischen Vergleich anzuführen – an gedachten Personen, die es aber prinzipiell so gegeben haben könnte. Damit aber wird die Privatsphäre zu dem, was der Schriftsteller immer zu schützen wußte und auch künftig schützen wird: das private, intime Leben, das Außenstehende eigentlich gar nichts angeht.

Zum Misanthropen ist er darüber nicht geworden. Zwar hat er sich, wenn man ihn »normal« in der Welt trifft, den vorsichtigen Blick auf anderes und andere bewahrt. Doch die Neugierde gehört noch immer zu seinem Wesen. Die Welt kennen zu lernen, Erfahrungen ins Bild, mehr und mehr aber ins Wort zu setzen, ist seine Stärke geblieben. Mit sehr viel Gelassenheit, ohne den Hauch von Hektik geht er seinen (beruflichen) Pflichten nach. Man sieht ihn vor sich, wie er emsig arbeitenden Menschen um sich herum, übertragen ausgedrückt, Karl Valentins (parodistisch gemeinten) Rat zuruft »Habt nur Geduld!«.

In einem Gewerbe, für das jede Stunde jeden Tags wichtig ist, weil was auch immer realistisch in einem Ambiente von wunderbarer Illusion wiedergegeben werden muß? Wer dieses vermittelt, als erster Mann im Fernseh-Betrieb, braucht sehr viel Souveränität. Sie hat Ulrich Wickert nicht verloren. Zunehmend hat er souveränes Verhalten entwickelt, ganz gleich, was er vorträgt: Themen des Tages, Zeichen unserer Zeit, Gedanken über Grundlagen der Gesellschaft, die ihn bestens durch jahrelange Präsenz auf dem noch immer wohl wichtigsten Bildschirm zu kennen scheint.

Eine Beobachtung verliert sich nicht. Sein väterlicher Freund Ionesco (der bis 1994 lebte) schrieb einmal das Stück »La Vase«, »Der Schlamm«. Wickert wühlt sicher nicht im Schlamm. Dennoch verbindet man eine Szene mit seiner Erscheinung, besonders als Moderator der *Tagesthemen* vor der Kamera: Der Mensch ändert sich bei Ionesco zusehend so, daß schließlich nur noch sein Auge sichtbar ist. Der Blick senkt sich, Nebel zerfließen, der Himmel wird blau. Wunderbare Illusion, gebaut für Zuschauer, die am liebsten Ionesco folgen und zum »Fußgänger der Luft« werden, geführt vom Blickwinkel des Moderators Ulrich Wickert?

In seinen literarischen, nicht in seinen gesellschaftspolitischen Gedanken schlägt er neuerdings diese Art von Fußgängerweg ein. Ob sich damit das Echte nicht mehr durchsetzt? Er bleibt seinen Prinzipien treu, nur ergänzt er sie heutzutage, wenn er auch seiner Phantasie Tür und Tore öffnet. Wickert, der Vermittler der realen Welt, ist eben auch ein Idealist, der seine Ideen von Gesellschaft und Welt vor vielen Menschen artikuliert und damit gar nicht hinter dem Berg hält. Seine Persönlichkeit zeichnet die Fähigkeit aus, aller Wertschätzung der Wirklichkeit zum Trotz der Phantasie eine tragende Bedeutung einzuräumen. Läßt sich beides miteinander vereinen? Und wie, wird jeder kreative und eigenständige Mensch antworten. Schon Ionesco hat die Phantasie in die Mitte seines Lebens gestellt. Weshalb? Der neuen Wirklichkeit wegen, die Wickert noch immer im Blick hat, auf dem Hintergrund von Ionescos bleibenden Worten: »Phantasie ist nicht Ausflucht. Denn sich etwas vorstellen, heißt, eine Welt bauen, eine Welt erschaffen.«

»Nie die Lust aus dem Auge verlieren«

Ulrich Wickerts Antworten im Fragebogen des F. A. Z.-Magazins

Der Fragebogen, den der Schriftsteller Marcel Proust in seinem Leben gleich zweimal ausfüllte, war in den Salons der Vergangenheit ein beliebtes Gesellschaftsspiel. Das Frankfurter Allgemeine Magazin hat es weiter gespielt. Der Fragebogen, den Ulrich Wickert beantwortete, erschien dort am 15. Mai 1992. Heitere und heikle Fragen als Herausforderung an Geist und Witz.

An Standfestigkeit mangelt es ihm nicht: Schuhgröße fünfundvierzig trägt der Hüne von einssechsundneunzig. Sein kantiges Gesicht kennen mittlerweile Millionen von Fernsehzuschauern, denen er seit dem 1. Juli des vergangenen Jahres (1991) spätabends Nachrichten »verkauft«. Nicht als billiger Jakob, sondern als seriöser »Erster Moderator der Tagesthemen«.

Daß es ihm an Glaubwürdigkeit nicht mangelt, wundert bei Ulrich Wickert nicht, denn er studierte in Bonn und in Connecticut neben den politischen Wissenschaften das Fach, das die Wahrheitssuche zum Ziel hat: die Jurisprudenz. Einen Beruf machte er daraus nicht, der am

2. Dezember 1942 in Tokio geborene Diplomatensohn wollte lieber die Welt kennenlernen. Zunächst war es die heimische: Wickert arbeitete von 1969 bis 1977 als Redakteur beim Fernsehmagazin »Monitor«.

Dann lockte ihn die Neue Welt: Als ARD-Korrespondent berichtete er aus den Vereinigten Staaten, 1984 übernahm er die Leitung des ARD-Büros in Paris. Die traurige Erkenntnis, daß der Spruch »Ist der Korrespondent noch so fleißig, es bleibt bei einer Minute dreißig« auch für ihn galt, hinderte ihn nicht, Schwieriges leicht darzustellen, mit Ironie und Humor.

Daß er politisch denkt, beweisen die Bücher des PEN-Mitglieds Ulrich Wickert. »Freiheit, die ich fürchte« (1981) ist eine einzige Anklage gegen einen »Staat, der seine Bürger entmachtet« durch bürokratischen Despotismus. Sein Rezept gegen diesen »General Dr. von Staat«: »Nicht die Strukturen heißt es zu ändern, sondern das Denken, aus dem eben diese Strukturen hervorgehen!« Ob ihm das als Moderator gelingt?

Seine guten Vorsätze haben zu ersten Ergebnissen geführt: Einmal im Monat stellt er während der Nachrichtensendung einen Schriftsteller und dessen neues Buch vor. Ein Meister der Moderation, der Überleitung zwischen zwei Berichten, ist Wickert heute schon. Freilich kann auch er nichts daran ändern, daß die Wettervorhersage oft zu dem verkommt, was ihm sonst beim Stichwort Frankreich einfällt: »Wunderbare Illusion«. *hkl*

Was ist für Sie das größte Unglück?
Sicherlich der Tod von Kind oder Kindeskind.

Wo möchten Sie leben?
Immer mal woanders, aber wo's warm und was los ist.

Was ist für Sie das vollkommene irdische Glück?
Keine Wünsche mehr zu haben.

Welche Fehler entschuldigen Sie am ehesten?
Mundgeruch.

Ihre liebsten Romanhelden?
Philip Marlowe und Henri IV.

Ihre Lieblingsgestalt in der Geschichte?
Diogenes: »Geh mir aus der Sonne.«

Ihre Lieblingsheldinnen in der Wirklichkeit?
Kleiner Kinder Mütter, die arbeiten.

Ihre Lieblingsheldinnen in der Dichtung?
Freya von den Sieben Inseln.

Ihre Lieblingsmaler?
Motherwell, Rothko, Bacon.

Ihr Lieblingskomponist?
Beethoven, Beatles, Philip Glass, Laurie Anderson.

Welche Eigenschaften schätzen Sie bei einem Mann am meisten?
Verspieltheit, Humor, Dynamik.

Welche Eigenschaften schätzen Sie bei einer Frau am meisten?
Verspieltheit, Humor, Dynamik, Erotik.

Ihre Lieblingstugend?
Humor.

Ihre Lieblingsbeschäftigung?
Kreativ sein.

Wer oder was hätten Sie sein mögen?
Ich selbst – aber ohne meine Zweifel (und Fehler).

Ihr Hauptcharakterzug?
Der Motor läuft und läuft und läuft.

Was schätzen Sie bei Ihren Freunden am meisten?
Menschlichkeit.

Ihr größer Fehler?
Ungeduld.

Ihr Traum vom Glück?
Keine Wünsche dort zu haben, wo's warm und was los ist.

Was wäre für Sie das größte Unglück?
Unter unerfüllten Wünschen dort zu leiden, wo's kalt ist.

Was möchten Sie sein?
Glücklich – oder?

Ihre Lieblingsfarbe?
Rot.

Ihre Lieblingsblume?
Rose.

Ihr Lieblingsvogel?
Der Paradiesvogel ist bunt, der Ruf des Tucan hallt im Urwald schön.

Ihr Lieblingsschriftsteller?
Joseph Roth, William Faulkner, Eugène Ionesco.

Ihr Lieblingslyriker?
Ronsard, Lafontaine (Jean!).

Ihre Helden in der Wirklichkeit?
Held sein ist dumm (Siegfried! Roland!).

Ihre Heldinnen in der Geschichte?
Eleonore von Aquitanien.

Ihre Lieblingsnamen?
Julia!

Was verabscheuen Sie am meisten?
Die systematische Vernichtung von Menschen in den KZs.

Welche geschichtlichen Gestalten verachten Sie am meisten?
Die üblichen.

Welche militärischen Leistungen bewundern Sie am meisten?
Die Lösung des Gordischen Knotens.

Welche Reform bewundern Sie am meisten?
Die »Gorbatschowiana«.

Welche natürliche Gabe möchten Sie besitzen?
Andere glücklich zu machen.

Wie möchten Sie sterben?
Zufrieden.

Ihre gegenwärtige Geistesverfassung?
Na – mal sehen!

Ihr Motto?
Beim Machen nie die Lust aus dem Auge verlieren.

Editorische Notiz

Der Text dieses Buches basiert auf den Vorlesungen, die Ulrich Wickert im Jahre 2002 als *Mercator-Professor an der Universität Duisburg* gehalten hat. Er ist für den Druck überarbeitet und aktualisiert worden.

Gerhard Mercator war der Namenspatron der 1972 gegründeten Universität, die 2003 mit der Universität Essen fusioniert worden ist (bereits 1655 entstand in Duisburg durch den Großen Kurfürsten Friedrich Wilhelm von Brandenburg eine klevische Landesuniversität, die bis 1818 existierte). Der berühmte Geograph und Kartograph wurde 1512 im flämischen Rupelmonde geboren und lebte seit 1552 in Duisburg, wo er 1594 auch gestorben ist. Hier erschien 1554 seine große Karte von Europa, die ihm Weltruf verschaffte. 1569 publizierte er einen Kartennetzentwurf, der für die Seefahrt grundlegend und als »Mercatorprojektion« bekannt wurde.

Für die Gastprofessur zu Ehren von Gerhard Mercator konnten 1999 der Sozialforscher und Literaturwissenschaftler *Jan Philipp Reemtsma*, 2000 die frühere Präsidentin des Bundesverfassungsgerichts und heutige Präsidentin des Goethe-Instituts, *Jutta Limbach*, und 2001 der Filmregisseur *Volker Schlöndorff* gewonnen werden.

Dr. Heribert Klein, der für diesen Band Ulrich Wickert portraitiert hat, wurde 1957 in Hachenburg (Westerwald) geboren. Er studierte in Köln und Rom unter anderem Germanistik, Pädagogik und Musikwissenschaft, außerdem Orgel bei Viktor Lukas und Ferrucio Vignanelli. Er spielte Orgelkonzerte im In- und Ausland, wirkte als Organist bei Rundfunk-, Schallplatten- und Fernsehproduktionen mit, war Redakteur der *Frankfurter Allgemeinen Zeitung,* hat mehrere Bücher über wirtschafts- und gesellschaftspolitische Themen verfaßt und lebt heute als Publizist in Limburg an der Lahn, wo er von 1977 bis 1997 regelmäßig am Dom Orgel spielte. 1992 wurde ihm für eine Serie über deutsche Topmanager der Quandt-Medienpreis verliehen.

Der Fragebogen des *F. A. Z.-Magazins* erschien von 1980 bis zur Einstellung dieser Beilage 1999 jede Woche. Die Antworten von Ulrich Wickert wurden am 15. Mai 1992 veröffentlicht; sie werden hier erstmals in Buchform vorgelegt.

HHV